改訂復刻版

八重山共和国

八日間の夢

桝田武宗 著

改訂復刻版　八重山共和国　八日間の夢　●目次

序　章…4
第一章　八重山共和国樹立（一）…20
第二章　八重山共和国樹立（二）…33
第三章　八重山共和国樹立（三）…52
第四章　八重山共和国樹立（四）…64
第五章　アメリカの対日占領政策…81
第六章　アメリカの野望…94
第七章　米軍施政権下の八重山支庁…122
第八章　八重山支庁（八重山共和国）の終焉…139
第九章　地方紙「海南時報」（一）…152
第十章　地方紙「海南時報」（二）…170
終　章…194
付記（一）真実と事実…207
（二）アカハチの乱…211
（三）八重山教員思想事件…213
あとがき…216

序章

一九八八年の初秋だったと記憶している。そのころ、私は「会社」という組織に所属し続けることにつくづく嫌気がさして、すべての仕事を放棄して、家でぶらぶらと過していた。

自分の家族のこと、年老いた両親のことを考えれば、一日も早く仕事を探さなければならない必然にせまられていたのだが、再び、捨てて来た放送業界に戻るわずらわしさを思うと、それだけで消耗して決心がつかなかった。

では、「何をして生きて行こうか?」と考えてみても、私の頭の中には「これ」という具体的なものは何ひとつ浮かんで来ないのだった。

大学を卒業して以来、信じられない悪意と大いなるエゴイズム、そして矮小な野心、野望が渦巻く会社というトラックを堂々めぐりのように疾走し続けて来た私は、最終的に、部下の起こした卑しい事件に対する経営者側の不見識としか言いようのない処置にどうしても納得が行かなくて、グルグルまわり続けるしかない「会社というトラック」から、どこに向かうという一切の計画も持たないまま飛び出してしまったのである。

倒れるまで疾走？　迷走し続けた挙句に私をおそった、ひどい消耗感とアナーキーな解放感にひたりながら、私はその日その日、その時その時をただただ無為に過していた。

そんな時、沖縄の古い友人の一人から電話を貰ったのだった。

その友人とは二十年来のつきあいで、彼がまだ十八歳のころ、私が初めて沖縄を訪れた時に識り合ったのである。

彼からの電話は、特別な用件があるものでなく、多分、私が会社を辞めたという噂を誰かから伝え聴いて、「どうしているのだろうか？」と近況を確かめるものだったように思う。

私は、元気でいることを伝え、共通の友人たちの消息を話し合って、電話を終えようとしていた。そして彼が、

「また、沖縄に来て下さい。泡盛でも飲んでパッとやりましょうョ」

と気軽に、しかし思いやりをこめて言い、私も、

「ウン、できたら……」

と答えて電話を切ろうとした時、その友人は思い出したように言ったのだった。

「アア、これを言おうと思って電話したんですけど、スッカリ忘れてた……桝田さん、今でも沖縄に興味持ってますか？」

私を良く識る彼の誘いかけるような質問に、私は咄嗟には何も答えられず、一瞬だまりこんでしまった。

「最近聴いたんですけど、戦後石垣に『八重山共和国』っていうのが在ったらしいんですョ、桝田さん、そんな話聴いたことありますか?」

もちろん、私はこの話を知らなかった。社会に出てから二十年ほどの間、私は何回となく沖縄に出かけ、石垣島にも数回行っていたのだが、「八重山共和国」が在ったなどという話は、誰からも聴いたことがなかった。

それで私は、

「『八重山共和国』? 聴いたことないけれど、それは何なの? できれば詳しく知りたいな」

と、次の瞬間、言ってしまっていた自分に気づいた。

しかし、その友人も小耳にはさんだだけで、詳しい話は何も知らないということだった。

「でも、『八重山共和国』に関係してたという老人が那覇に住んでるそうですから、今度その人に話を訊いてみて、何か判ったらまた連絡しますョ」

彼は、こう約束して電話を切った。

切れてしまった電話回線の向こう側から、陽に焼けた顔をした優しい人なつっこそうな友人の顔が消え去り、回線の向こう側は、瞬時にして暗闇の世界に変貌した。

何千キロメートルも離れた真っ暗な向こう側の世界に、何の映像も持たない、「八重山共和国」という語音だけが漂っているようだった。

それから二週間ほど経て、私はその友人から、「八重山共和国」に関係したという老人＝宮《みや》良《ら》長《ちょう》義《ぎ》の名前と連絡先を教えられ、その電話の後を追いかけるようにして郵送されて来た、ある本の一部分らしい三枚のコピーを受け取った。
そのコピーには、こんなことが書かれてあった。

「『八重山自治会結成』
自治会結成までのいきさつについて宮良長義は『治安はみだれるし、せっかく農作物をつくってもドロボーにやられてしまう、これではいけないということで、青年たちが自治政府を作る運動を進めていましたね。そんな時、わたしは黒島からマラリアのくすりをさがしに石垣の町に帰ってきたわけです。
そこで、彼ら青年団に引きとめられ、自治政府づくりに取り組むことになりました。』
その宮良長義を中心に糸洲長良《いとすちょうりょう》、宮良高司《みやらたかし》、宮良孫良《みやらそんりょう》、安室孫利《あむろそんり》、屋嘉部長佐《やかぶちょうさ》、浦添為貴《うらそえいき》、亀谷長行《かめやちょうこう》、崎山里秀《さきやまりしゅう》等八重山教員思想事件関係者や農民、教師などのグループ、軍部の腐敗が日本の敗北を招いた。いまこそ昭和維新が必要だとし、青年団を血盟団とすべきだと提唱した宮城光雄《みやぎみつお》や新時代にその名称はふさわしくない、とそれに反対した本盛茂《もともりしげる》、宮良長義の感化を受けた豊川善亮《とよかわぜんりょう》、内原英昇《うちはらえいしょう》等の青年グループも合流し、宮城光雄宅で自治会結成準備会が持たれた。

会では、八重山支庁がその行政機能を果たさない以上、一日も早く自治回復のため自治政府を組織しなければならないとし、秩序の回復、食糧難の解消、マラリア対策等が数回にわたり協議された。」（後略、ルビ・傍点引用者）

私は、この三枚のコピーを何回となく読みなおしてみた。

「自治政府」

という一語は何を意味するのか？　それは「八重山共和国」とその当時呼ばれていたのか？　その「共和国」は、本当に在ったのか？　私は不思議な想いを抱きながら考え続けた。

しかし、たった三枚のコピーの情報だけでは、何の答えも出て来るはずがなかった。

コピー三枚分のわずかな情報しか持たないまま、私はある直観に導かれて宮良長義に電話をしてみようと決心した。

電話番号を押しながら、私の心の片隅をかすめるように、

「また、何かがはじまってしまうのかもしれない……」

という、ある種のわずらわしさと不安がよぎって行った。

しかし、こういった私の消極性を越える、「八重山共和国」という魅惑的な言葉が、抗《あらが》いようもなく私に電話番号を押させ続けたのである。

最後の数字を押し終えると、それはやがて長い呼び出し音に替る。「不在なのだろうか？」

と思わせるほど長い間呼び出し音が続いた。

「まだ夜の九時なのに睡ってしまったのかな?」

とも思っていた時、やっと電話がつながった。

「もしもし、宮良さんのお宅ですか? 私は……」

受話器を取ったのは、宮良長義自身だった。私は、自分の身上を告げ、

「戦後、石垣に『八重山共和国』というものがあったと聴いたのですが、そのことについてお伺いしたいと思いまして……」

と、電話をした理由を述べた。

長義は、なぜか電話で話すのを嫌がって、

「その話でしたら、沖縄にいらっしゃい、それから話しましょう。沖縄に来て、それから話しましょう」

と繰り返すばかりで、その言葉の裏には、「あまり話したくないのだ」という気持がうかがえさえするようだった。

しかし、私は、「八重山共和国」なるものが「実在したのか、しなかったのか」、それだけでも聴いておきたいと思って質問を続けた。

「沖縄には行こうと思いますが、実際にそういうものは在ったのですか?」

私は、成行きで、沖縄に行くと口走っていた。

「『八重山共和国』……そう言う人も居ますさねェ……あの当時は、無政府状態だったわけですから、秩序を守るためには、自主的に組織を作らんとならんということで、『自治会』ができたということじゃないですか……。まあ、電話ではアレだから、その話は沖縄にいらしてから話しましょう」

長義は、これだけ答えるとせわしげに電話を切った。

「八重山共和国」＝「八重山自治会」は実在した、と聴かされても、この時の私の印象はひどく曖昧なものにしか過ぎなかった。

「自治会」なるものが、「どんなものを意味しているのか？」「言葉通りの意味のものに過ぎないのか？」

しかし、送られて来たコピーには、「自治政府」という言葉が明確に記されている。自治政府というからには、人々のコンセンサスの上に成り立ち、政治を行ない得るものと解釈すべきだろう。

だが、この時点で、私はそれ以上の何物をも想像できなかったし、判断することもできなかった。

ただ、「共和国」という言葉の持つ快い音色《おんしょく》に憧憬を抱いただけである。

切れてしまった電話を前にして、私が想い起こしたのは、日本の南の果て、沖縄諸島（琉球列島）、そのまた南のはずれに位置する八重山諸島、そしてその八重山諸島の最南端に在る小さな島、波照間島《はてるまじま》。そのさらに南の海の彼方に在るという、「幻の共和国」＝「パエパティロー（南波照間島）」の伝説だった。

柳田国男の「海南小記」には、「南波照間島」についてこう書かれている。

「……波照間島は石垣から西南、なお十一里余の海上に孤立している。これから先はただ茫々たる太平洋で、しいて隣りと言えば台湾があるばかりだが、しかもここへくればさらにまた、パエパトローの島を談ずるそうである。

パエは、南のことで、われわれが南風をハエと呼ぶに同じく、パトローはすなわち波照間の今の土音である。

この波照間の南の沖に、今一つ、税吏のいまだ知っておらぬ極楽の島が、波に隠れてあるものと、かの島の人は信じていた。

昔、百姓の年貢が堪えがたく重かった時、この島の屋久《やく》のヤクアカマリという者、これを済《すく》わんと思いたって、あまねく洋中を漕ぎ求めて、ついにその島を見い出し、わが島にちなんでこれを南波照間と名づけたと伝えている。

徐福が大帝の命を受けたのとはことかわり、これは深夜に数十人の老幼男女を船に乗せて、ひそかにその縹渺の国へ移住してしまった。（後略）」

私は、かつて「南波照間島」の話を詳しく識りたいという抑え難い衝動にかられて波照間島まで行ったことがある。そして、その島の古老からパエパティローの話を聴かせて貰った。

私は、その日本最南端の島で過した一週間ばかりのことを今でも克明に記憶している。そこは、サトウキビ畑と小さな家々、島をめぐるホコリっぽい細い白い道、白々とした空気の中に強い陽差しだけが照りつけている、何もない島だった。

「八重山共和国」という言葉を聴いた時、私の思考回路の中で、なぜか「八重山共和国」が「南波照間島」へ直線的に継がってしまったのだった。

「縹渺の国・南波照間島」＝「幻の共和国」。誰もが、自由に平等に平和に豊かに暮らせる「国」。

ヤクアカマリたちは、人間の生存の意義と復権を求めて「共和国」を自らの手で創るため、遠い昔、船出して行った。


「リパブリック」

記憶によれば、古代ギリシア、古代ローマの都市国家においてはじまり、アメリカ合衆国の独立を機に近代的な変革を遂げた国家形態。現在、世界の多くの国々の国名に冠されている言葉。

第二次世界大戦後独立した数多くの国々の人たちが、自分たちの国家の未来に向けて、その言葉に託したであろう希いを想う時、「八重山共和国」という響きは、私の心の中で不思議な旋律を奏ではじめ、その旋律は、次第にたかまり抗し難い力で私をとらえ、ゆり動かして行ったのだった。

二千数百年と主張される日本の歴史の中で、一度たりとも、私たちの国に「リパブリック」という言葉は冠されたことがない。それだけに、この言葉はより強く、激しく私をゆり動かしたのである。

長義と電話で話した後、私はすぐにでも沖縄に行って突っ込んだ話を聴かせて貰いたいという欲望にかられた。

しかし、一銭の収入もない月日を長々と続けるだけの金銭的余裕がなかった私は、家庭生活を支えるために何かしら仕事をはじめなければならない情況に追い込まれていた。結局、古巣である放送業界に復帰する決心をしなければならなかった。

四十歳をはるかに越えた私に、新しい就職先など勿論あるはずもなく、手っ取り早く収入を得る所はそこにしかなかったのだ。

そのために、私は小さなオフィスを開設して、会社を辞める以前よりさらに苛酷なスケジュールをこなす生活に自分を埋没させなければならなくなった。

自分の立っているポジションが低ければ低いほど、苛酷な労働をこなさなければならない、という現実は、この私たちの？　社会とやらに加担してしまった人間が生涯背負わなければならない決めごとなのであろう。

ただそれだけの理由にはばまれて私は、長義に会いに行くために必要なたった三日間の休みもとれない状態になってしまったのである。

そういう日常の中に、エア・ポケットのように突然やって来る一日。そんな空白の時間、私の心の中に不思議な力を持つ旋律が静かに流れはじめ、やがてそのメロディーは高鳴り、私を覆いつくし、私は、イリュージョンの中で、「八重山共和国」に想いを馳せているのに気づく。

「八重山島《やえやまじま》」、石垣島の別称。八重に重なる山並が島を形づくっていることからこう呼ばれるようになったと伝えられる島。そして、それに連なる大小の島々の総称としての八重山。

私は、何度、その地を訪れたのだろうか？　と思い出してみる。

最後に行ったのは波照間島に行った時のことだったから、もう随分の時が過ぎていた。

飛行機の小さな窓から見降すコバルト色の海。大海はすべてコバルト色に輝いている。そして、その大海の中に飛び石のようにポツンポツンと浮ぶ島々は、エメラルド・グリーンに光るサンゴ礁の海にとり囲まれ、島に砕ける波の白さが、その輪郭を私に教えた。

那覇を飛びたった飛行機は、慶良間《けらま》、宮古を下に見て一時間ほどで八重山に着く。八重山諸島の南は、ただ、茫々たる大海だということが一目で判り、「これから先はもうないのだ」とつくづく知らされる。

私は、琉球列島の輝く海に浮ぶ島々を訪れ、優しい島の人たちからどれだけたくさんの話を聴かせて貰って来ただろうか……。

沖縄、慶良間、宮古、石垣、与那国《よなぐに》。そして、それらに連なる小さな島々。その何処の島にも人は住み、日々の生活を営んでいた。

その人たちの過して来た時間、受け継いで来た歴史、その中に秘められた数々の「話」。訊ねる者がいなければ生涯語られることはなかったであろう「話」。

私は、確かに受けとめて来たつもりだ。

二十年前、私は東京のある民間放送局に在職していて、ドキュメンタリー番組を創っていた。

保守的な家庭で育ち、保守的な学校で教育を受けて来た私は、難しい理屈を言う先輩ディレクターたちの中で、何をどのように表現すればよいのかも判らないまま、手探りで番組を創っていた。その過程で知った数々の不条理＝現実。

沖縄というものを初めて私の所に持ち込んで来たのは、当時、沖縄の売春婦のドキュメンタリー・フィルムを撮っていた、私とさして歳の違わない青年たちだった。

そのころ、沖縄は施政権返還問題を中心とした、日本の政治運動の焦点の一つであり、多くの政治運動家やジャーナリストたちの目が沖縄に向けられていた。私が彼等と接触を持つようになったのは、そんな背景があったからだろう。

青年たちから次々に持ち込まれる売春婦たちの話、「Aサイン・バー」で働く女の娘《こ》たちの話。（註、Aはアプルーブの意味）

ある日、私は、

「なぜ、いつも同じような話ばかりしかないの？　沖縄にはもっと違った人たちの話だってあるんじゃないのかな」

と彼等に訊ねた。

その時、青年の中の一人から、

「なぜあんたには、一人ひとりの語る話を積み重ねて、深めて行くことができないんだ！『○○子の場合』『××子の場合』っていうふうに、なぜ平面的にしか物事を見られないんだ！」

と激しい口調で言われた。

正直言って、二十数年前の私には、彼の言っていることの真意がよく理解できなかった。いろいろな人の話を幅広く知りたいということに何か支障があるのか？　今でも判らない所があるのだが……。その言葉によって私がひどく傷ついたことは確かだった。

それ以来、その言葉が私の心の中にわだかまってしまい、私はわだかまりを打ち払うため沖縄に行って、自分の目で確かめてこようと思うようになったのである。

私は今でも、初めて沖縄に行ってみようと決めた時、私をおそったわずらわしさと不安を、はっきりと思い起こすことができる。

「一度、その中に足を踏み入れてしまったら引き返すことができなくなるのではないか?」

といったつまらない不安と恐れ。

しかし、二十年前の秋、私は「灰色の身分証明書」と「緑色のドル紙幣」を握りしめて、三週間にわたる沖縄旅行に出かけたのだった。知る人も居ないし、何処に行くというあてもない全く無計画の旅行で、その夜泊る宿さえ決っていなかった。

二十年前の取材ノートには、初めて沖縄に着いた日の印象が、こう書きとめられてある。

「東京から、およそ二時間で那覇空港に飛行機は着陸した。

九月の中旬だというのに陽差しは強く、ムッとする空気が私を包む。

那覇空港には、星条旗が立てられていて、澄んだ空の下ではためいていた。

空港の案内所でホテルを斡旋して貰ってから、タクシーでホテルに向かう。タクシーの窓から見える沖縄の景色はなぜか灰色だ。

道路の左手には、有刺鉄線を備えた金網が続き、金網の向うにアメリカ軍の上陸用舟艇がいくつも置いてある。その光景は、ヤシの並木と原色の花々とあまりにもへだたりを持つ不釣り合いな風景に思えて仕方なかった。

タクシーの運転手は、濃いサングラスをかけ、私が好奇心にかられて訊くことに答える口調はぶっきらぼうで、話しかけるのがはばかられるような気さえした。

二十分も走っただろうか、タクシーは、『球陽館』という『国際通り』の近くにある古ぼけたホテルの前で止った。

ネズミ色をした五階建ての小さなホテルで、入口を入ると正面にカウンターがあり、名前を告げると部屋の鍵を渡してくれた。

入口の左手には小さなロビーがあって、むき出しのコンクリートの床に色あせた赤いビロード張りの応接セットが置いてある。それが、何とも侘しさを感じさせた。

私は、部屋に荷物を置いてから、『奇跡の一マイル』と呼ばれる『国際通り』を歩いてみた。幅の広い道が真っすぐに伸び、その両側に外国製品を売るみやげもの店が軒を連ねている。

小さな店のショーウィンドウに並ぶ、ロンソン、ダンヒル、パーカー、モンブラン、オメガ、ラドー、ジョニー・ウォーカー、カティー・サーク、オールド・パー。どれも無税で安い。私は、ショーウィンドウをのぞいたり、スロットル・マシンの置いてある遊技場（もちろん、勝てばドルと交換できる）をのぞいたりしながらブラブラと歩き続けた。

右側通行の車、英語の看板、アメリカ人の主婦たち、GI、どれもこれもがアメリカの施政権下に置かれているオキナワを表わしているものなのだろうが、私には、『これが沖縄なのだ』

という実感は何も持てなかった。（後略）」

今、この古い取材ノートを読みかえしてみて、私は、ある感慨を持って自分の歩んで来た二十年間というものをふりかえらずにはいられない。

迷路の中で出口を探し求めた二十年とでも言えばよいのだろうか？　わけの判らなかった二十年と言った方がよいのだろうか？　どちらにせよ、「あれから、もう二十年も過ぎてしまったのだ」という想いが、私にひどい消耗感を与えた。

しかし、今また、私は「八重山共和国」という言葉に誘われて、迷路の中を歩きはじめた自分を感じている。

第一章　八重山共和国樹立（一）

一九六九年。六〇年代の行きどまり。生涯忘れ去ることのできないあの六〇年代のしめくくり。

その年、初めて沖縄と関わりを持ってから、私は何回、沖縄に足を運んだのだろうか？

「私が私になるために訪ね続けた、沖縄……」

そして、一九八〇年代最後の年である一九八九年四月、新たなる始まりを予感しながら、宮良長義と会うために私は沖縄に向かった。

「これを最後にしょう」

と心に決めて沖縄を訪ねてから、すでに三年が過ぎていた。

四月の沖縄は、初夏を思わせるような快い陽差しの中で燦き、その面持ちを替えて私を迎えた。

那覇空港から市街のホテルに向かう見慣れた、しかし、面持ちの違う沖縄。道路沿いに立ち並ぶヤシの木、その根本に咲く原色の花々、有刺鉄線を備えた金網、運転手が話す、異国の調べにも似たイントネイションの懐しい日本語の響き。訪れる度に感じてしまう湿り気をおびた風の不確かさ……。沖縄の風はいつも私に不確かさを感じさせるのだ。

すべては、沖縄に対する私の原風景であり、すべては、全く異なるものだった。

「あの時のまま、そこにとどまっているのは、私だけなのかもしれない」

私は、車の中から厚い窓ガラスを通して、ラッシュのように駆け抜けて行く沖縄の風景を目で追いながらそう思っていた。そして、

「ああ、また沖縄に来てしまったのか……」

と悔恨を感じつつ独りつぶやいた。

ホテルに落ち着いてから、まず友人に連絡をとり、滞在中会う約束を交し、それから宮良長義と連絡をとった。

東京を発つ前、長義には電話をしておいたので、彼は私と会う時間をつくっておいてくれていた。彼の指定で、私は翌日の午後、寄宮《よせみや》にある宮良長義の家を訪ねることになった。

県立図書館の裏、寄宮中学の側に建つベージュ色をしたマンションの三階に宮良長義は住ん

でいた。

ドアを開けて出迎えてくれた長義は、骨太の大きな体格をした老人で、八十四歳のはずだが、全く老いを感じさせない力強さをその身体の中に秘めているように見えた。

私が自己紹介すると、

「よくいらっしゃいました。沖縄はもう暑いでしょう。さあお上りなさい」

と電話の印象とは全く違う、沖縄の人らしい歓迎の気持を表わしてくれたのに、少なからず私は驚いていた。

この老人が一九三二年（昭和七年）、日本教育史上最大の逮捕者を出した「八重山教員思想事件」に連座して、特高に検挙され、検束、拘留、そして、想像を絶する拷問を受け、教員を罷免された人とは私には思えなかった。彼は、教員を免職された後、労働組合運動、農民運動をはじめとする政治活動を続け、現在は「社大党」の顧問となっている。彼の人生の大部分は闘争の歴史とも言えるのであるが、そんな雰囲気は全く感じさせない。

かつて、離島の農村でよく見かけた農夫たち――ベトナムの農民がかぶっているような、スゲ笠を頭にのせ、首筋に汗をにじませながらサトウキビを刈る、老農夫――私の目には、そのような老人としか映らなかったのだ。それほど長義の顔は柔和だったのである。

しかし、その身体の至る所には、厳しい拷問によって痛めた後遺症が残っているということだった。

私は、長義の書斎兼家族の居間となっている部屋に通され、ポリエステルのボトルに入ったオレンジ・ジュースを飲みながら話をはじめた。

小さな木のデスクの前の本棚には、彼が書いた本や彼のことが書かれているらしい本が並んでいる。うまく首を振らない扇風機がカタカタと小さな音をたててまわっていた。

「もう詳しいことは忘れてしまいましたヨ、四十年も昔のことですから……」

長義は、こう前置きしてから話しはじめたのだった。

「あの当時は、無政府状態で治安《じあん》（長義はこう発音する）は乱れているし、マラリアは猖獗《しょうけつ》を極めている……食料は、軍隊に徴発され、食べるものも全然ないんだから……郡民は栄養失調状態であったし、マラリアが蔓延しとったし……これはどうにもならんということで青年たちが動きはじめたわけです。

私は、あの当時、黒島国民学校の校長をしておったんですけど、マラリアの薬を探しに石垣に戻って来たところを青年たちにつかまえられて自治会を作る活動に参加したわけですネ」

長義は、私に送られて来た資料コピーに書かれてあった通りを話した。

「あの当時は、また、現満兵《げんまんへい》（註、現地満期兵）がうろつき、婦女子たちを追いまわす、泥棒が横行して畑の作物を盗る。

そういう混乱した秩序を回復するために何か組織が必要だったわけです」

宮良長義は、ここまで話すと、自分のおいたちから師範学校に行くまでの話を私に語って聴かせた。

宮良長義は、一九〇四年十二月二十五日、石垣市大川で生まれている。一九二二年、沖縄県立師範学校に入り、在学中通して優秀な成績をおさめた。

家が貧しかったため、師範学校在学中の学費はすべて、妹の初子が台湾に出稼ぎに行って賄ったという。

師範学校四年の時、「琉球人」と言って沖縄県民を侮辱した教師に反発してストライキを行ない、その教師を追放した。これが長義の闘争のはじまりだったという。

話の切れ目を待って、私が逸れてしまった話を元にもどすと、彼は敗戦直後の八重山の混乱した社会情況をまた話し出す。

「……そういう状態でしたから、これではいかんということでまず青年たちが動きはじめたのですネ。自警団を創って、現満兵から婦女子を守る、泥棒から作物を守る、そんなことをしておったわけです……何の思想もなかったですヨ。ただ、この無政府状態の八重山をどうするか？　食料をどう確保するか？　治安をどう守るか？　そんな中から自治政府を創ろうという考えが起こって来たと思いますネ。確かに『八重山共和国』という人たちも居ます……『国』と言えば国かもしれんけど、特に、日本から独立して『八重山共和国』を創ろうとは誰も思っていなかったんじゃないですかねェ。

沖縄県庁もない、八重山支庁もない、全くの無政府状態で、どことも連絡がとれんわけですし、民情は荒廃し風紀は紊乱《びんらん》している。それを建て直すために何か組織を創ろうということだけだったと思いますヨ。国を創ろうというのではなく、自治組織を創ろうということだけだったのです」

長義は、注意深く言葉を選びながら話しているように見えた。

「敗戦によって孤立し混乱をきたした八重山を建て直すために、情況の必然にせまられて自治会を創った」

彼の言葉は「それだけのことで、そこには何も深い意味はないのだ」と力説したいように私には聴こえた。

「でも、自治会を創ろうというからには、その基本になる考え方があったのではないですか?」

という私の質問に対しても、

「そんなこと考えている余裕はどこにもなかったんじゃないですか……。毎日毎日喰うのに精一杯で、食料を確保しなければならないし、マラリアの薬も手に入れなければならない、治安を回復しなければならない。そんなことだけで、何かの考えがあったということはなかったと思いますヨ」

長義は、ここで、与那国の学校に左遷されるなどの、世界恐慌の時代に受けた数々の不当な出来事を話しはじめた。

「師範学校の専攻科を卒業したあと、石垣の登野城《とのしろ》高等小学校に戻ったのだけれど、校長の指導方針とことごとく対立したわけですネ。それで僻地の、与那国の学校に左遷されたわけですョ。

そのころちょうど、大恐慌のさなかで、私たち教員の俸給も払ってもらえない。仕方ないので高利貸しから借金をして生活しなければならなかった。食べる物も満足に手に入らないから、ソテツを食べているという状態であったし、生徒にも欠食児童がたくさんいるという有様だったのです。また、学校運営の民主化、職場労働条件の改善はもちろん、国史や修身教育というものにも疑問を感じはじめたこともあって運動を起こしたわけですネ」

その直後、長義は石垣で、「日本教育労働者組合・八重山支部」を組織していた桃原用永《とうばるようえい》、大浜用立《おうはまようりゅう》などと会い、非合法組織であった「教労」に参加することになる。

そして、三二年には東京に出て、より高い教養をつけるため「東京物理学校」に進み、「日本労働者組合全国協議会」にも参画して、本格的に非合法活動をはじめるようになっていった。

彼は、この「教労」や「全協」の学習会でマルクス、エンゲルスをはじめとする社会科学の書物に接し、彼が感じつづけていたことの答えを見つけたように思って、急速に社会主義思想へ傾斜して行ったのだった。

一九三二年七月、東京の彼の下宿で行なわれた「全協」の会合を官憲にかぎつけられ、家宅捜査に会い長義は逮捕される。これにより、彼は五十日間四谷署に留置され、想像を絶する拷問を受けたのだった。

「指の間にエンピツをはさむなんていうのは初歩のことですョ。首から足の先まで縄でグルグル巻きにして吊す『飛行機吊』、また、手や足の爪先に大きなお灸をすえるものから、煙草の火を顔や胸などに押しつけるもの、竹刀で全身を叩き続ける……拘留中は拷問で立ち上がることもできなかったですから、便所に行くのもヒジではって行くか、身体をころがして行くという具合でした。

私が、拘留されている間に、八重山から送られて来た手紙を特高に押さえられてですネ、それも一つの原因となって、日本の教員思想事件の歴史上最大の検挙が起こったわけです。

その時、逮捕されたのが、桃原用永《とうばるようえい》、宮良高司《みやらたかし》、宮良孫良《みやらそんりょう》、大浜用立《おおはまようりゅう》、浦添為貴《うらそえいき》、安室孫利《あむろそんり》など十五人の同志だったのです」

話の区切りがついた所で、私がまた自治会を創った時の話について問いかけると、

「権力支配から人民を解放する、思想の自由が持てる、平和を守る、というような考えは私の中にはあったと思いますけど、私の考え方に沿って人民政府が創られたのではないですョ。それで運営して行こうというわけでもなかったですョ。一緒に活動していたみんなの意見によって創られて行ったわけですから……」

マルクスの「賃労働者と資本」「賃金、価格および利潤」、エンゲルスの「空想と科学」、河

上肇の「第二貧乏物語」に傾倒していたはずの長義なのに、なぜか「八重山共和国」の話になると急に歯切れが悪くなる。

「八重山の自治が確立したら一日も早く日本にかえって、『新しい平和な日本を創ろう』そういう考え方です。……実際、私は『日本復帰』の時、賛成しておるんですから……。何の主義主張もなかったです」

宮良長義が、「情況の必然にせまられてできたもので、そこには特別な意味は何もなかった」と言えば言うほど、私にはその言葉が真実味のないもののように聴こえて仕方なかった。

私たちは、夕食も食べず長い時間話し合った。しかし、長い時間をかけて語られた多くの話は、何も私の心に響いて来なかった。

私の質問が核心に触れようとするたび、長義の話は唐突に脇道へそれて行く。脇道にそれた話は延々と続く。区切りを見つけて、私が改めて問いなおすと、

「昔のことだから詳しく覚えていない」

という返事がかえって来る。それでも私は何か手掛かりをつかもうと角度を変えて質問しなおす。するとまた、話は、長義の過去――闘争の歴史の一コマに入ってしまう。

確かに、「教員思想事件」は、重要な問題であり、また戦後、彼が続けて来た政治活動の数数は重要なことだったと私も思っているし、いつの日か別の光が当てられるべきだとも思っている。しかし、この時私が知りたかったのは、「八重山共和国」の話だったのだ。

「八重山は独立を意志し、独立したのか？　否か？」

私が確かめたかったのは、これだけだった。

宮良長義が語ろうとする、彼の運動の歴史とその背景については、長義に会う以前にその大部分を調べてあって私なりに理解していた。

その上で私は、長義が深く関わったはずの、「八重山共和国」＝自治政府、人民政府樹立の過程、その共和国の理念、実践した政策の数々、それこそを識りたくて沖縄までやって来たのだ。しかし、その話はポイントに迫ろうとするたび、たくみにそらされて行った。

読むことを禁じられていたマルクス、エンゲルスの書物を床の下に隠して毎夜密かに読んだ話も、河上肇の「第二貧乏物語」に感銘を受けたことの大きさも、私には多少理解できる。

非合法組織のメンバーとして、運動を続けたことの困難さも、すべてとは言わないが、私の理解の範疇にあった。

だが、率直に言ってしまえば、そういった話に私は何ら興味を持ち得ないということなのだ。

この社会という巨大な迷路の中で、出口を探し求めていた時代、私は私なりに多くの書物を読み、多くの人と関わり、多くのことに加担して来た。しかし、そのどこにも出口を示す光なんてなかった。

「なぜ、人間はこれほどまで苦しみながら生きなければならないのか?」

この単純な問いに答えてくれるものなんて何もなかった。

そして最後の夢を託して、波照間島の南端の断崖の上に立った時、私はすべてを諦めたのだ。


「海南小記」の「南波照間」の章には、次のような続きがある。

「……その折りに唯一人の女が、家に鍋を忘れて取りに戻っている間に、夜が明けかかったのでその船は出で去った。『鍋掻き』という地はその故跡ということになっている。とり残されて嘆き悶え足ずりし、浜の真砂を鍋で掻き散らした所というのである」

私は、かつて波照間に行った時、島の古老に、「女は、なぜ鍋なんか取りに帰ったのか?」と訊ねている。

老人の話では、波照間では結婚する時、女は鍋を持って行かなければいけないというしきたりがあって、南波照間に脱出するアカマリの許婚者であったその女が鍋を忘れたため取りに戻ったということだった。

しかし、船に戻る途中役人に見つけられ、桟橋まで逃げて来たのだが、船で待っていた人たちが役人に捕まることを恐れてアカマリに船を出させてしまったのである。

柳田國男は、波照間島まで行っていない。

「南波照間」の話を石垣島で聴いているだけである。そのため、「なぜ、鍋なんかを取りに帰ったのか？」が書かれていなくて、私は不思議に思いつづけていたのだった。

「パラダイスを創ろうと、自分たちの国を創ろうと」波照間を脱出して行く船に取り残された女。

この話は、私の心を打ち砕いた。この話を聴いた時、「私もその女に違いない」と思わずにいられなかった。

私は、その時を最後に沖縄に行っていない。あの時、私は一つの理解に達したからだ。

しかし、「八重山共和国」という言葉を聴いた瞬間、私は抗いがたい感情に包まれてしまった。あの時視えなかったものが視えるかもしれないという想いが私を駆り立てたからだろう。

だが、それと同時に、

「もう二度と、波照間での想いを味わいたくない」

という気持もあった。

世界は、日々変遷を続け、そこに生きる人々もまた、変って行く、それはいい。仕方のないことだと私も納得している。

しかし、不器用な私は変わりようもなく、今もあの時点に立ち尽したままなのだ。

でも、私はもう一度、この巨大な迷路の出口を求めなおしてみようと決意して、歩きはじめたのである。

だから、私は長義が語った彼の闘争の歴史、エピソードの数々には何の興味も持てなかった。

私が識りたかったのは、長義も深く関わったはずの「八重山共和国」。「自治政府」＝「人民政府」、その「幻の共和国」は、「いかに準備され、いかに実在し、いかに消滅して行ったのか？」ただこれだけだった。

しかし、長義はこのことについて多くを語ろうとはしなかった。

私は、むなしい想いを抱いて長義の家を去るしかなかった。

第二章　八重山共和国樹立（二）

五月、私は再び沖縄に向かった。

「八重山戦後史」を書いた大田静男に教えて貰いたいことがあったのと、あの当時まだ二十三、四歳の青年で、「八重山共和国」を創るためまず立ち上ったと言われる青年たちの一人、豊川善亮《とよかわぜんりょう》に会う必要があったからだ。

宮良長義から聴かせて貰えなかった話を、私は豊川善亮に訊きたかったし、こちらではどうしても手に入れることが出来なかった、ある資料を大田静男から貸して貰いたかったという理由もあった。

羽田を発ち、那覇の県立図書館で丸一日資料を探したのち、石垣へ向かった。

初めて石垣島へ行った時は、ＹＳ11型のプロペラ機だったのが、今ではジェット機に替っていて、一時間もかからないで石垣島に着いてしまう。

最後に石垣島へ行った時から随分時は経っていたけれど、飛行機の小さな窓から見降ろせる海は、今も美しくコバルト色に輝いていた。

ホテルに落ち着いてから、早速、大田静男と豊川善亮に連絡をとる。

大田静男とは、その夜会う約束をし、豊川善亮とは翌日の午前中に会うことにした。

料理店の個室で初めて会った大田静男の印象は「よく笑う清々しい人」というのがふさわしい。

彼は今、石垣市の図書館準備室の仕事とアジアの国々との文化交流の仕事に忙殺されているということだった。

私は、彼の「八重山戦後史」を通読し、桃原用永の「戦後の八重山歴史」を読み、「沖縄県史十巻」を読み、その他沖縄県立図書館で見つけた多くの資料を読んだその総合的な判断から、「八重山共和国」に関して、ある推論を立てていた。

そのひとつに、大田静男は「八重山共和国」の成立の過程、動いた人々、政策、そして消滅していった真実の部分、つまり、公表されていない事実のかなりを知っているはずだというものがあった。

私は、それまでに自分が得た情報を整理し、そこから推測して、「こうでなければおかしい」「こうでなければ辻つまが合わない」と思うところをまず大田静男から聴いておきたかったのだ。

しかし、彼の話は全く予想もしていなかったところからはじまり、私を当惑させた。

「私は、八重山が大嫌いなんですョ」

トゥバルマが流れる料理屋の個室で、確かに彼はこう話しはじめたのだった。

思いがけない言葉の前で、私は言葉をなくすしかなかった。

「八重山という所は、地理的に見ても非常に不確かな位置に在るんですネ。歴史的に言っても、文化的に見ても、政治的に考えてみても沖縄とは全く違うものなんですヨ」

この彼の話を聴いているうち、私はかつて、沖縄大学の学長であり、「新講沖縄一千年史」を著した新屋敷幸繁《しんやしきこうはん》教授から同じような話を聴いたのを思い出した。

「昔、琉球には、『沖縄』という国と『宮古』という国と『八重山』という国が在ったのですよ……」

話の詳細は忘れてしまったが、新屋敷幸繁がこう言ったことは、今でもはっきり覚えている。「昔」というのがどれくらい昔なのか、その後、この件に関して何も調べていないので判らないのだが、大田静男の話を聴いた時、私は、

「やはり、そうなのか」

という極めて明快な理解に至った。

事実、沖縄の言葉と宮古の言葉と八重山の言葉はそれぞれ違うし、互いに通じ合わない。そ

れは、東北弁と鹿児島弁の違いより大きいということである。こういった言葉の例だけをとって、だから別々の国だったと安易に言うことはできないと思うが、この例から考えても、大田静男の話す内容はかなり納得の行くものであった。

沖縄のドキュメンタリー番組を創り続けていた間、そして、「波照間島の物語」を書いていた時、私はかなりの数にのぼる沖縄関係の本（政治、歴史、文化、民俗学等々）を読んで来たし、多くの沖縄の人たちから話も聴かせて貰って来た。

そういう知識から、沖縄、宮古、八重山という地域の個別性について、私はある程度了解していた。

しかし、彼の話を聴いていて、「人頭税《にんとうぜい》」（註、老若男女、担税能力の有無を問わずに課税する税）と「新村《あらむら》建設」に関して、私の理解の中に大きな誤りがひとつあったことに気づいた。

琉球王朝時代、沖縄には「人頭税」という極めて苛酷な税制があった。この税は、沖縄の先《さき》島《しま》の住民に課されたものだったが、薩摩藩の収奪が厳しくなるにつれて、先島に課した人頭税も重いものになって行き、そのため八重山では未開の島であった西表島《いりおもてじま》に「新村」を開拓させたのだと、私は解釈していた。

しかし、彼の話によると新村建設は琉球王朝の方針ではなく、八重山の官吏たちの独自の方針であったということだった。

新村の建設が積極的に行なわれたのは、琉球王朝尚敬王《しょうけいおう》の時代だったが、彼の話では、その時代の辣腕宰相であった蔡温《さいおん》は、八重山の官吏に新村建設をやめるよう何度も忠告を与えていたというのである。（歴史の本によると蔡温が勧めたということになっているが……）

その理由は、石垣島の山岳地帯や西表島全域には、風土病としてマラリアがあったため、新村建設を行なえば多くの人々が死亡するのが判っていたからである。

しかし、琉球王朝時代、各島に割り当てられた役人の数は決められていたので、そのポストを増すためには新しい村が必要であった。つまり、八重山の役人たちは、自分の親戚にポストを与えるため危険を承知で新村建設を進めたということなのである。

八重山は、歴史的に封建的ヒエラルキーが強力に存在した島で、一パーセントの支配階級と九十九パーセントの被支配階級によって構成され続けて来た島。搾取にはじまるすべての横暴、専横がそこには在り、九十九パーセントの人間たちはそれに抑えつけられ、振りまわされて生きて来たのである。

大田静男は、

「八重山の人間は保守的で、自主性というものがないんですョ。宮古の人間のように、海外に向かって活路を見い出すためマラッカまで行って貿易してしまうというような積極性もない、ただただ、隷属することに甘んじて生きて来たんですネ」

と自分が八重山を嫌う理由を話した。

私は、彼の話に合わせて、これまでに自分が得てきた八重山に関する知識や考え方を話していた。しかし、こういった八重山の歴史的問題、あるいは民俗性を話すことと、私が識りたいと思っている「八重山共和国」の話の間にどんな関係があるのか判然としなかった。また、なぜ唐突にこのような話から始まったのか理解できなくて、戸惑うばかりであった。

私としては、彼が識っているはずの「八重山共和国」に関する詳細を聴かせて貰いたかったのだが、話はなかなかそこに至らなかったのである。

大田静男と話しながら、私は宮良長義と話した時と同じもどかしさを感じ続けなければならなかったと共に、「八重山共和国」の話に、「何か隠しておかなければならない理由でもあるのだろうか?」という疑問も抱かなければならなくなっていた。

沖縄、そして八重山に関する資料の中でも、「八重山共和国」について触れているものは極めて少ない。

戦後日本史、否、日本の歴史を通して考えてみても、「八重山共和国」の持つ意味は大きなものであるはずなのに、なぜ、触れまいとするのだろうか? 私には理解し難いところであった。

そして、隠しておきたいと希う相手の気持を感じるたび、私は余計識りたいという気持を強くしていったのである。

私にとってさほど重要ではなかった八重山についての長い話の後、私は単刀直入に大田静男に訊ねてみた。

「宮良長義さんにもお話をうかがってみたのですが、何か釈然としないところが多いのです。それで、私の直観みたいなものから豊川善亮さんに話を聴かせて貰おうと思って石垣に来たんですが、豊川さんにお会いする前に、ぜひ大田さんから、『八重山共和国』に関する事実関係だけでも聴かせて頂きたいと思っているんです」

大田静男は、

「長義さんは、何と言ってましたか?」

と逆に問いかけて来た。

「大田さんの本に書かれてあった程度のことだけですね。私の感じでは何かあまり話したくないような様子でした。しかし、宮良さんに会った後、いろいろ調べてみたり考えてみたりしたのですが、どうも宮良さんが話してくれたこととは違ったものがあると思えて仕方ないのです」

私が答えると、大田静男は曖昧な笑いを浮べて、

「豊川さんたちは、その当時まだ若かったし、使い走り程度の役目で、何も識らないんじゃないですかネ……」

彼は、暗に豊川善亮と話しても仕方ないというような言葉を投げてよこした。

「しかし、大田さんの本にも、まず自治政府を創ろうとして動き出した人間は青年たちで、その青年たちというのは豊川善亮であり、宮城光雄、本盛茂、内原英昇といった人だと書いてありますよね。

確かに、自治政府を実現させて行く上で、宮良長義とか教員思想事件に連座した人たちとコミットして行ったのは事実でしょうし、彼等の担った役割も大きかったと思います。

でも、長義さんと会ったあと、考え直してみた時、まず最初に活動をはじめた人たちが私には重要だと思えたのです。その人たちの話を聴くことがすべての糸口だと思ったのですね」

私は、率直に自分の考え方を伝え、さらに、

「本当のところを言うと、大田さんは『八重山共和国』の詳細に関して、すべて御存知じゃないんですか?」

と訊ねてみた。しかし、彼は、

「いや、私が識っているのは本に書いたことだけですョ」

と笑って答えるだけだった。

「私の不確かな推論では、自治政府を創ろうと豊川さんたちが考えた時、彼等は『独立』を考えていたんじゃないかという気がしてならないのですが、それはどうなんでしょう?」

大田静男からの明瞭な答えを何も得られないまま、それでも私は問い続けて行った。

しばらくの沈黙の後、

「八重山は鎖国するべきだったのですョ。そうするのが八重山のためだったのです……あれは幻だったのです……夢だったのかもしれません」

大田静男は、こう言うと続けて、

「明日、豊川さんとは何時に会うことになっているのですか?」

と私に訊ねた。

「十時ということにしてあるのですが、午後の飛行機で、どうしても東京に帰らなければならないものですから……」

私は、自分を待っている仕事のことを考え、少し憂鬱になりながら答えた。

「九時に豊川さんの家に行って下さい。その時私も行きますから……全部豊川さんに訊いてみるのがいいでしょう」

と彼は言った。そして、

「これから、もう一人会わなければならない人がいるので今夜はこれで失礼します」

と言うと席を立った。

料理店の個室にとり残された私は、哀愁を秘めたトゥバルマを聴きながら、思いもよらない言葉からはじまった大田静男との話の整理をつけていた。

彼が話してくれたこと、私にとってはさほど重要ではないと思えた話の中で、彼が私に問いかけた様々な質問。結局のところ、それらすべては、私を測ろうとしたものだったと思えてならない。

つまり、私が沖縄のこと、八重山のことについてどれだけの理解を持ち、その理解がどういうものであるのか？　また、「八重山共和国」に関して、どこまで識っていて、どのように考えているのか？　これらのすべてを彼は識っておきたかったのだろう。

彼は、「八重山共和国」に関して何一つ明言はしなかった。それは、当事者ではない自分が話すべきものではないという判断からである。しかし、彼は、豊川善亮と私が会う時間を一時間繰り上げさせ、「全部豊川さんに訊いてみるのがいいでしょう」という言葉を残して帰った。

大田静男は、宮良長義との話にある種の疑念を持ち、豊川善亮に狙いをつけて来た私の真意を理解してくれたのだと思う。


翌朝七時半に起きた私は、朝食をとりながら、豊川善亮との話をどう展開しようかと考えていた。

今回、私が善亮から確認を得たいことは唯一つしかない。それは、善亮をはじめとする青年たちが、自治政府を創ろうと思った時、「八重山の『独立』ということを意志していたのかどうか？」ということである。

「八重山共和国」「八重山人民政府」「八重山自治政府」「八重山自治会」。様々な呼称を持つ「幻の国家」。

この「幻の共和国」は、その当初から「独立」が意志されていたものなのか？　後世になって、結果として「八重山共和国」と呼ばれるようになったものなのか？　だから、私にはどうしてもその点を善亮から訊き出す必要があったのだ。

話をどう切り出し、どう展開させるか？　しかし、そんなテクニックは不用なものに思えた。いつの場合もそうだったように、聴かせて貰いたいことを率直に訊ねればよい、私はそう決めて部屋に戻った。

登野城にある豊川善亮の家は、木々に囲まれ赤ガワラで屋根をふいた八重山の民家特有の趣きを持つ古い家だった。

玄関に迎えに出てくれた善亮は、白髪まじりの髪を分けた小柄な人で、ブルーのズボンに白いポロシャツを着た彼は、大病の後だということで少しやつれた感じがした。

簡素な応接間に通され、自己紹介をしているところに大田静男がやって来て、二人は八重山《やえやま》弁《ぐち》で何やら話した。

長椅子に腰かけた私の顔に、扇風機の生暖かい風が触る。

私は、話を録音する許可を貰ってから話しはじめた。

那覇に居る友人から「八重山共和国」という話を聴いたことからはじまって、今日善亮を訪ねるに至ったまでの経緯《いきさつ》を説明し、私が何を識りたいのかを率直に告げた。

私の話を聴き終り、ややあってから、

「四十年以上も昔のことだから記憶にないなあ。……人民政府を創ったというのは、自衛手段だったわけですから……ただ黙って見ていてもどうにもならんから、我々の手でどうにかしようということだったわけですからネ。

沖縄がこっぱみじんになっているんだから、県庁もない、島田知事も死んでしまっているんだから、何のたよりにもならないですョ」

話しはじめた善亮の口調は、やつれた風貌とは裏腹に力強いもので、何か怒っているようでさえあった。

「まあ、自主的なものではあったけれど、その時は国家形成的なものだったかどうか判らないし、独立しようというものでもなかったんじゃないですか……。後でそういうものだと言われれば、『ああ、そうかなあ』と思うだけですョ」

豊川善亮は、「八重山共和国」の形成について、こう説明したのだったが、この言葉がすべてを語ったことにはならないと私は確信していた。

「宮良長義さんも、社会の混乱がひどかったから、それを回復するために行動しただけで、特に何かの考えがあったわけではないと言ってましたけれど、私には、それだけが理由だったとはどうしても思えないのです。

何かしら強い意志というものがなければ、今、豊川さんがおっしゃったような『人民政府』

というものはでき得なかったはずなんです」

私は、どこまでも喰い下がるつもりだった。

善亮は、暫く沈黙した後、

「私たちは、宮良長義から大政翼賛的教育をされて来たわけですョ、皇民化教育を教えこまれて来たわけですョ。

宮良長義は、教員思想事件のあと、教員を免職されていたわけですが、転向して戦争中教員に復職したんですネ。私たちは、その長義の教え子だったんですョ」

と私の質問とは何ら関係のないような話をはじめた。

私は、この善亮の話の真意を計りかねていた。

〈自分たちは、軍国主義教育しか受けてなかったのだから、何の思想も持っていなかったし、何らかの思想によって行動を起こしたのでもないのだ〉と言いたいのだろうか？　何とも判断に苦しむ言葉の前で、しかし、私はそこにとどまらず先に進んだ。

「何らかの組織を創ろうとする時に、明確な意識や目標といったものがないというのは納得できませんね。

確かに、敗戦後露呈された社会の混乱という必然にせまられていたというのは大きな理由だったと思います。

しかし、その混乱を建て直すということだけだったら長義さんの口から『自治政府づくり』

という言葉は出て来なかっただろうし、豊川さんの口から『人民政府』という言葉も出て来ないはずです。

また、アメリカの軍政府下に置かれてから、次々とあのような施策を打ち出せなかったはずです。それ以前から『八重山をどうするか?』ということについて話し合われていて、ある方向を決めていなかったら、あのように短い時間で政策が決定されるはずがないじゃないですか」

私は、どうしても「八重山共和国」を構想した時、その根底にあったものが何だったのかを訊き出したかったので、ほとんど対決するような気持で善亮と話を続けた。

「あの時、立ち上がった連中の指導者がネ、エー、中心がはからずも宮良長義だったわけですヨ。そういうような思想の持ち主が集まってやったということは明らかですからネ。いわゆる長義なんかがそうでなければ……だから、そういうような社会科学を勉強して来たような人たちがおったからああいうようになったんじゃないですか……」

善亮は、「八重山共和国」を創り上げて行ったのは、長義をはじめとする社会主義者たちなのだと言ってかたづけてしまいたいようだった。

「確かに、長義さんをはじめとする社会主義思想を持った人たちや運動を続けて来た人たちと連携をとって行ったのは事実でしょう。しかし、原点はやはり彼等ではなかったような気がしてならないんですね。ただ、短い時間で物事を成し遂げるために彼等の力が必要だった。そういうことだったと思うのです。もし、長義さんたちのグループと連合して行かなくて、豊川さんたちだけでやったとしても結果は同じものになっていたという気がしてならないのです。『この八重山をどうするのか？』と豊川さんたちが考えたことと、長義さんたちが考えたことが同じ方向だったから一緒になったということなんじゃないですか。違う見方をすれば、豊川さんたちの考え方と長義さんたちの考え方が全く違っていたとしたら、長義さんたちは連合するのを拒否したと思います」

善亮が話すことに、少しでも疑問を感じたら、私は、自分の知識と、私の推論を支えている事実を総動員して善亮を追い詰めようと思った。もし今日が駄目なら私を待っている仕事を捨ててでも聴き出そうと決めていた。私は、もう引き返すことなんて出来ないと思いはじめていたのだ。

しかし、そんな私の気持をはぐらかすかのように善亮は言った。

「一つだけお伺いしたいのですが、あなたは宮良長義から豊川善亮に会えと言われて来たのでしょう」

宮良長義から紹介されたのか、どうか？　ということに何の重要性があるのか、その時の私には判らなかった。

しかし、私は宮良長義と話した時に持ったある種の疑念について、また、大田静男の本に書かれている事実、つまり、

「……青年たちが自治政府を作る運動を進めていましたね。そんな時、わたしは黒島からマラリアのくすりをさがしに石垣の町に帰ってきたわけです。そこで、彼ら青年団に引きとめられ、自治政府づくりに取り組むことになりました。」

そして、この文章の後に、青年たちの名前として、宮城光雄、本盛茂、豊川善亮、内原英昇が記されている。

この事実が、私にとってはどうしても重要なことに思えたので直接会いに来たのだと説明した。

そしてまた、大田静男の「八重山戦後史」、桃原用永の「戦後の八重山歴史」をはじめとする多くの資料、昨夜、大田静男から受けた暗示、二十年間沖縄に関わって来た間に沖縄の人たちから聴かせて貰った話、その過程で得た知識、さらに、琉球という国家の持たざるを得なかった歴史——簡略に言ってしまえば、常に他国の支配下に置かれ、搾取され、抑圧され続けたという歴史。マイノリティーとして受けざるを得なかった被差別の歴史。これらすべての理解から推測する時、「八重山共和国」の現出というものは、必然的にある一点に帰結しなければ説明がつかないのではないだろうかと話した。

善亮は熱心に私の話を聴いてくれた。大田静男は静かに私たちのやりとりを見守っていた。問いかけと答えの間に時折り生じる長い静寂。そのスキ間に、何という鳥なのだろうか、澄んだ鳥の声が流れて行った。

「そういうことに考えが至るまでにどれくらい月日が経っているのですか?」

善亮の声は柔かなものに変っていた。

「せいぜい三ヵ月位なものだと思います。もちろん、長い間沖縄に関わって来たという背景はありますが……」

私は答える。

「前に、長義からの紹介で『沖縄タイムス』の新聞記者や雑誌の記者も来たのですけど……しかし、あなたのように、何て言うかなあ、あの、奥まで突っ込んでいたのはなかった。そこまで調べて、そこまで深く考えて来た人はなかった……。これはどうなさるの? 本に書かれるの?」

「もし『八重山共和国』というものが、私が探していたものと同じものだという事実の裏づけができて、その事実を自分が理解できて納得できたら書くと思います」

私は、その時思った気持をそのままの形で答えた。

「ところで、率直におうかがいしますが、豊川さん御自身は志していらしたんでしょう」

長い沈黙があった。

「……そうですネ……」

私は、もう一度確認するため、言葉を替えて訊き直した。

「独立を意志して行動を起こし、それを実現させたということで正しいのですよね」

善亮は、なぜか大声で笑い、その後、

「その通りですョ」

とはっきりと答えた。

大田静男が話しはじめる。

「あの時、この人たちの眼は、この島だけに向けられていました。この島から、この島に住む人たちの仕合せという観点からどうすべきかを考えていたのです。自治政府を創った時は、この島からすべてを測って行ったわけですよネ。

この島からものを考えて行くのだと意識していないと、中央の尺度ですべてが決められてしまうことになる。六月二十三日の『沖縄慰霊の日』がいい例ですよネ。あれはただ、牛島中将（註、沖縄守備隊の司令長官）が自決したという日なだけでしょう。

八重山は土地も広いし、水稲もできたし、ある意味では豊かなんです。だから八重山は保守的であるし、自主という意識も低かったと言えるんです。

だから、あの時八重山は鎖国すべきだった。鎖国することによって、八重山の自主独立というものが確立できたかもしれないんです」

九時から始まった長い話を終え、善亮の家を辞して外に出ると、梅雨の空はいつの間にか晴れ上がっていた。

長く尾を引く澄んだ鳥の声が、見上げる空を横切って行く。

大田静男は、

「よかったですネ、判ってくれる人が出て来て」

と善亮に言うと、人なつっこそうな笑いを顔に浮べながら自転車に乗って帰って行った。

私は、南の国の強い陽差しを浴びながら暫くの間、道に立ち尽していた。

第三章　八重山共和国樹立（三）

八重山から帰った私を待ち受けていたのは、日常の瑣末な、そして繁雑な仕事の山だった。事務所を維持して行く費用を捻出するための割りの合わない仕事、家庭を守るために必要な生活費の確保、息子たちを養育して行くためのお金の準備、何ヵ月か先のために今、決めておかなくてはならない仕事の営業、際限なく湧き出すような細かなトラブル。これらをかたづけるだけで時間は光の早さで通り過ぎて行くようだった。

私は、大田静男や豊川善亮から聴かせて貰った話の整理も、その裏づけとなる資料の確認をする時間も持てないまま、私の日常を生きて行った。

こういった生活は、肉体的にも精神的にも私を過労へと追い込んで行く。だからと言ってこのような日常から安易な気持で逃げ出したいと言っているのでは決してない。しかし私は何物にもわずらわされず、「八重山共和国」の成立から崩壊に至るまでの詳細を調べ、資料を再検討するための時間が欲しかった。

この年の三月から、平均睡眠時間が四、五時間という生活を続けていた私は、十キロも痩せ、八重山に行った時点でかなり体力をなくしていた。そして、八重山から帰った後十二日して、私は過労のため入院を余儀なくされたのだった。入院するまでの十二日間をとっても、私はかなりハードなスケジュールをこなしている。

コンパクト・ディスク三枚の構成と編集をやり、ラジオの番組を四本創り、三本の構成台本を書き、五本の企画書を書き、マスコミ・セミナーの講義を二回こなし、十二回の打ち合せをし、三人の人を接待している。

ブドウ糖を注射してくれていた医者から「入院した方がよい」と言われた時、私はホッとした気持になった。

十日間、繁雑な日常から解放された私は、病院のベッドの中で、読みたいと思って買っておいた本を読み、好きな音楽を聴き、長い長い睡眠をとった。

そして、「八重山共和国」に関するノートの整理をし、資料を読み直し、足りない資料集めを行ない、疑問点を洗い出した。

アウト・ラインは既に判っていたし、自分が推測した糸口も正しかった。しかし、改めて整理してみるとまだまだ識っておかなければならない事が次々と出て来る。

「こうでなければ辻つまが合わない」

と思っても、それを裏づけるものがない。多くの資料は入手困難であったし、また、誰かに

よって書かれたものの中に、私の疑問を解決できるものはないと思われた。例えば、

「独立を意志し、行動を起こし、それを実現した」

それは、ほぼ確認でき得たものとしても、

「では、一体誰が『共和国』形成を最初に夢みたのか？　なぜそんな夢を描いたのか？　それを実現するためにどういう活動を行なったのか？」

こういった水面下の事実については、何一つ資料はなかったし、証言できる生存者も少なかった。もう少し言えば、人それぞれに違う考えが在った。

青年たちがまず行動を起こしたということは、大田静男の本、宮良長義、宮良高司、宮良孫良、本盛茂たちの証言で明らかになっている。

そして、その青年たちというのが、豊川善亮、宮城光雄、本盛茂、内原英昇たちだったということも判っている。

では、

「その中の誰が？　そして、その誰かが、いつ、どのような理念を持ち、どのように構想し、どのように活動を開始したのか？　どのように人々を組織し、どのような話し合いを重ね、どのように八重山住民の意識をたかめ、統一して行ったのか？」

これらのことは、調べられる資料を全部調べたとしても決して判ることではない。なぜなら、これらのことは、「その誰か」が心の奥底に秘匿していることで、いまだかつて語られた

ことがないはずだからである。

「その当初から独立しようと志していた」という事実ひとつにしても、私に対して豊川善亮が語ったのが初めてに等しい。

沖縄本島の人たちはもちろん、戦前から八重山に住んでいた人たちもまた、「八重山共和国」が成立した、その原点を識ってはいないだろう。

しかし、原点から成立に至るまでの過程こそが、「八重山共和国」というものの実像を明らかにする最も重要な部分である。

私は、これらすべてについて識りたいと思った。否、私には、どうしても識る必要があったのだ。

そのためには、もう一度、沖縄と八重山に行かなければならない。鍵は、豊川善亮と宮良長義にあるという確信があった。

四月に訪沖した時、長義は「昔のことだから忘れてしまった」と言って、ほとんど何も語ってくれなかった。

しかし、自分の生い立ちの小さなエピソードから教員思想事件をはじめとする非合法活動の詳細についてあれほど克明に記憶している人が、「八重山共和国」のことに関してだけ忘れてしまっているはずがない。

そしてまた、善亮にしてもすべてを話し尽した訳では決してない。

善亮と話した時点では、「独立しようと考えて行動を起こした」という確認をとるのが精一杯だった。短い時間では、それ以上望めなかった。

しかし、「八重山共和国」を創ろうと思い立った人間は一人の特定された者であり、その考えがやがてコンセンサスを得ていったに違いないのだから、このポイントはやはりはずせない。

豊川善亮の話が終った後、別れ際に、

「よかったですネ、判ってくれる人が出て来て……」

と大田静男がもらした言葉。

あの時、私はこの言葉をさして重要に聞きとめていなかったのだが時間が経った今、考え直してみると、この言葉には何か深い意味がこめられているように思えてならなくなっていた。

十日間の入院ののち、丸一ヵ月間、私は入院以前と同じ情況の中で働き続けた。

十日をかけてやや取り戻した体力も、一ヵ月たたないうちに使い果してしまった。しかし、七月中旬には沖縄に行ける予定が立っていたので、それほどの苦痛は感じていなかったと言っていい。今度八重山に行った時には、私の識りたいことがすべて判るだろうという期待があったからかもしれない。

そして、七月十四日（くしくもこの日は、フランス革命二百年の当日だった）、私は予定通り沖縄に旅立った。

七月中旬の八重山は、夏の真っ盛りで、照りつける太陽が、私の影を白い道路に焼きつけるように輝いていた。

私は、その真夏の陽差しにも勝る熱い心で豊川善亮の家に向かって歩いていた。こんなにも私を燃えたたせているのは、ただただ、私個人の欲望と希望にすぎない。

私がかつて見続けた夢を、夢見た人間が誰なのか？　それを識りたいという欲望。私の全く私的な欲望が、私をかりたてていた。

沖縄の南のはずれ八重山。その八重山諸島の南の果てに在る「波照間島」。そして、そのさらに南の海の彼方に在ると伝えられた、「幻の共和国」＝「ニライカナイ」。

私は、かつてこの「幻の共和国＝パエパティロー」をこの目で確かめようと波照間島の南端、東シナ海の怒濤が重い音をたてて砕ける断崖の上に立った。そして、その時まで私を支えて来た夢の伝説は、無惨にも断ち切られた。否、もしかしたらすべてを断ち切るために、私はあえてそこまで出かけたのかも知れない。途切れてしまった夢の続きが、時を経て偶然私の前に現われ出た。その時、私が戸惑いを覚え、不安とある種の恐怖感にとらわれたのは事実である。しかし、私はまた夢の続きを見たいという愚かな欲望にかられて歩きはじめてしまったのだ。

東京を発つ前から連絡をとり続け、八重山に着いてからも連絡をとり続けていたのだが、電話の呼び出し音はむなしく鳴り続けるだけで、その細い回線の向こうに豊川善亮は居なかった。

「八重山共和国」を創ろうと最初に夢見た人間が一体誰なのか？　それを識る人は善亮以外には居ないだろう。だから私は、なんとしても善亮に会わなければならない。

人間は、ちっぽけな夢から途方もない大きな夢まで、様々な夢を見る。しかし、その大方は、「夢」のままで終る。

浅学にして私は知らないが、「無」から自分たちの希求する「国家」を創ろうと志した者がはたしていただろうか？

革命を志した者は、数限りなく存在し、多くの成功者がいることは歴史をふりかえってみればすぐに判る。しかし、「八重山共和国」の形成は、革命ではなく、「無からの創造」であった。少なくとも私にはそう思えるのだ。

宮良長義と同じく、一九三三年に「教員思想事件」に連座し、「八重山共和国」形成のため豊川善亮等、当時二十三、四歳だった青年たちに力を貸した、宮良孫良、宮良高司を取材し終えた八重山での四日目の朝、私はやっと善亮と連絡をとることができた。

さっそく時間を決め、私は太陽に向かって、八重山の白い道を善亮に会うため歩き出したのだった。

前に会った時と同じように、私は簡素な応接室に通され、私たちは長椅子に腰かけて話しはじめた。

豊川善亮に会った後、改めて調べ直したこと、考え直してみたこと、そしてその中から出て来た疑問について話し、それを聴かせて頂きたいのだとお願いした。

「サアー、いつごろの事でしたかねェ……自警団を創ったのが十月だったから、夏過ぎ……九月ごろじゃなかったですか……。宮城光雄と話し合ったのが最初じゃなかったかなあ……」

善亮は、懸命に記憶の糸をたぐりながら話しているようだった。もちろん、記録などつけていなかったのだろうから、日付を限定したり、正確な言葉をどう交したか？　ということはとてもたぐり寄せられるものではないだろう。

「宮城光雄とは子供の時からの友だちで、同じ歳だったから学校も一緒、遊ぶのも一緒という具合で仲が良かったわけですョ。それで、話し合ったと思うのですネ。敗戦直後の八重山の情況というのは、本当にひどいものでしたから、それをどうにかしなくてはいかん、そのためには組織が必要だということだったわけです。

そしてまた、敗戦の直後でもあり軍国主義というものに嫌悪を持っていたわけですから、考え方は自然にそうなっていたのですネ」

しかし、いくら子供の時から仲が良かったと言っても、こういうことを話し合うものなのか私は少し疑問に思った。安易な問題では決してないのだから、仲が良かったという関係だけで語られるはずがないのである。そんな私の疑問はすぐにとけた。

「宮城光雄は、八重山の青年たちの指導者だったんですネ。宮城光雄が登野城青年団の団長で、私が副団長をやっておったわけです。それで、私たちはいつも会っておったし、八重山をどうするか？　ということについても話し合っていたのですョ」

このような二人が、敗戦後の惨澹たる情況の中で、「八重山をどうしたらよいのか？」という未来について話し合ったのは全く納得のいく話だった。多分、彼等は青年団の様々な活動を通して、八重山というものを理解していたのだろう。そしてまた、八重山に対する愛着というものも、一般的な青年たちよりは、ずっと強かったに違いないからだ。

しかし、最初に行動を起こした四人の青年のうち、他の二人、本盛茂、内原英昇とは話し合わなかったのだろうか？　彼等の口から「共和国」の構想が語られたということはなかったのだろうか？

私は、ささやかな疑念を晴らしたいため善亮に訊ねてみた。

「最初に行動を起こした青年たちの中に、本盛茂さんと内原英昇さんの名前もあったと思うのですが、彼等とも最初から話し合っていたのですか？」

「いや、彼等は後輩ですからネ、私が最初に話し合ったのは宮城光雄で、その後に広がって行ったわけです」

善亮の答えは明瞭だった。

善亮はおだやかな口調で話しつづけた。

この辺の事情については、本盛茂が次のように言っている。

「……私たちは現地入隊させられ、沖縄が陥ちた後、台湾の指揮下に入るということになっていたのですが、八月十九日敗戦を知らされて召集解除になったわけですネ。

私は、その後字《あざ》大川の青年団長をやっておって、酒なんかなかったですから軍のアルコールを持ち出して飯盒でお燗して仲間と飲みながら『どうしよう、こうしよう』と話し合っていたのです。私たち青年にとって一番腹に据えかねていた問題は、現満兵が島の娘を誘惑することだったですネ。

現満兵たちは、食料をたくさん持っていましたから、それで娘を釣るわけですョ。もちろん、組織的な横流しもやっていましたし……。

これについて面白いことを覚えているのは、日本軍の引き揚げの時、仮設桟橋から沖に停泊している船に向かって行く兵隊たちに、わざと日の丸の旗を振ってやり、『島の娘だけ払い下げにして行くのかーっ！　バカヤローー』と青年たちが大声で嫌味を言ってやったことですネ。

私は、最初宮城光雄さんたちとはそれほど会うことはなかったのです。それで大川青年団でまずやったことは『芋一個供出運動』を起こして、一週間に一回女子が農家をまわって芋を貰って来るわけですョ。それを極端に困っている人たちに配るということだったと思います。自警団を創ったのは、その後ですネ。

そんなころ、私たちの先輩格になる宮城光雄さんや豊川善亮さんたちと会うようになっていったという気がします。とにかく宮城光雄、豊川善亮は、八重山の青年たちの指導者たちでしたから、彼等からの誘いかけで私たちも参加していたわけです」

本盛茂の記憶はかなり鮮明であった。

本盛茂の言葉によれば、宮城光雄は熱血漢であり行動力のある人で豊川善亮は物静かな人だったということになる。

「どっちが、どういう言葉で、どう言ったか？　ということになるともう忘れてしまいましたけれど、宮城光雄と最初に話したということは確かですョ」

善亮が言うように、これは明確に特定できないことなのかもしれない。

しかし、以前、彼から話を聴かせてもらった時、「八重山共和国」は「独立」を意志して行動が起こされたものだと善亮は明言している。

この言葉が意味するところは、宮城光雄と話し合っていた時、すでに善亮の心の中には、「独立国家としての八重山共和国」というものが在ったことを指し示していることにならないだろうか？

宮城光雄はすでに亡くなられてしまっているので、彼の口からは何の確認もとれないが、少なくとも豊川善亮の心の中には、「八重山共和国」の夢があったことは明らかな事実だと言える。

当初、「八重山共和国」は、「八重山自治会」という形で八重山住民の中に浸透して行った。その発端から、「独立国家・八重山共和国」を創ろうと打ち出して行ったら、この「共和国」が成立していたか、あやぶまれるところが大いにあったであろう。

しかし、桃原用永の「戦後の八重山歴史」の中に、

「……十二月十五日、（中略）当日は、午後八時から歴史的郡民大会が開催され、（中略）八重山自治会長（八重山共和国大統領）に選出された宮良《みやら》長詳《ちょうしょう》氏は……（後略）」

と記されている。（註、傍点引用者）

豊川善亮、宮城光雄。この二人の中に芽ばえた、「人民の人民による人民のための八重山共和国」は、一九四五年九月に起想されたのであった。

第四章　八重山共和国樹立（四）

豊川善亮と宮城光雄という当時、二十三歳でしかなかった二人の青年の中に芽ばえた「八重山共和国」の夢は、一九四五年の九月から十月にかけて次第にその姿を明確にして行った。

彼等の考えが本盛茂、内原英昇をはじめとする青年層にまず広がり、二、三日おきに宮城光雄の家で集会が持たれるようになった。

これら青年たちの間でまず話し合われた議題は、八重山支庁が実質的に消滅し、沖縄県知事島田叡県も死亡していて県それ自体がなくなっている情況であり、他の島との連絡もとれないという孤立無援の無政府状態であったのだから自治政府を創り、自治をはじめなければならないということであった。

その大きな理由は、食料の確保、マラリア対策、八、八〇〇人居た現地満期兵から島の娘たちを守るということと、横行するドロボーの取り締りということにあったのは言うまでもない。

　しかし、彼等が最初に手をつけたのは、「農村と連携をとり、芋をかき集め、飢えている人たちに分配することだった」と本盛茂は言っている。食料を盗む者もまた生きるため、自衛のためにドロボーを働くわけだから、ただ、それを取り締るというだけでは何の意味もない。それよりも、「八重山住民全体が互いに助け合う運動」を起こすということが重要だ、という考え方から、大川の本名屋《ホンナヤアー》で内原英昇たちが農民と集会を持ち、対策を協議しはじめたのである。これが青年層の活動の第一歩だった。

　また、これと同じ考え方から、旧日本軍が持っていた食料、マラリアの薬をはじめとする物資をどのようにして八重山住民に分けるか。あるいは、同じ八重山住民の中で豊富に物資を隠し持っている人たちからどのようにしてその物資を放出させ、困っている人に分けるか、などということが語り合われていた。

　こういった活動が発展していくうち、自警団が出来ていったのである。

　自警団が創られた最大の理由は、現地満期兵から婦女子を守ることであり、ドロボーを取り締るということが大前提ではあったが、その考えの中には、戦時中日本軍から受けた数多くの差別、軍国主義に対する強烈な嫌悪という要素も明らかにあったと、前に書いたように本盛茂は言っている。

　それとともに、現地満期兵が軍需物資の横流しをはじめ、その利権を一部の人間が持ち、それを背景にしてある種の特権階級がつくられつつあったことに対する警戒心があったのも事実である。

実際、日本軍が現地自活のために徴発した畑も元の所有者に返されないまま横流しされたほどで、不平等社会が着実に形成されつつあった。

こういった情況を打開するため、「平等な社会を創るには自治政府を樹立しなければならない」という意見が次第にコンセンサスを得ていった。

ちょうどそのころ、黒島国民学校の校長をしていた宮良長義が、マラリアの特効薬キニーネ、アテプリンを求めて石垣島にやって来たのだった。

宮城光雄等青年たちと、宮良孫良、宮良高司、糸洲長良、大浜用立等、長義のかつての同志たちが長義と接触し、自治政府樹立の提案がなされ、長義は、その提案にすぐ賛成して活動をはじめた。そして、何回にもわたる会合の後、十一月に宮城光雄の家で「自治政府結成準備会」が持たれたのだった。

結成準備会に参加した者たちは、宮良長義、宮良高司、糸洲長良、大浜用立、安室孫利、屋嘉部長佐、浦添為貴、崎山里秀、宮城光雄、亀谷長行、石島英文、島袋全利、豊川善亮、本盛茂、内原英昇等の各氏であった。

この「準備会」構成メンバーは、各年齢層にわたっていたのだが、この準備会とは別に、宮城光雄、豊川善亮を中心とする青年たちのグループは、宮城光雄の家で毎晩のように自分たちだけの会合を続けていた。

宮良長義は、各年齢層を継ぐある種のオルガナイザーとしての役割りを担っていたと考えられる。というのは、戦時中彼は青年学校で青年たちと接していたし、自分と同年代の仲間も持っていたし、八重山の指導者クラスの先輩たちとも交流があったからである。

長義と同世代のグループと豊川、宮城、本盛、内原などの青年グループは、結成準備会を媒介として、自治政府樹立に向け連携して行くのだが、このころから、長義が指導力を発揮していくことになった。

豊川善亮、宮城光雄等が、それをどのように感じていたかは別として、長義には、教員運動、農民運動などをはじめとする運動の経験も豊富だったし、もちろん人々を組織して行く方法も、またある種の大衆性も指導性もあったから、長義がリーダーシップを握って行ったのは、当然の成り行きだったと言えるだろう。

彼は十月から一ヵ月間かけて八重山の指導者層であり、知識階級である、浦崎県保《うらさきけんぽ》（教員）、潮平寛保《しおひらかんぽ》（運輸業）、宮城信範《みやぎしんぱん》（元校長）、宮良永益《みやらえいえき》（校長）、翁長信全《おながしんぜん》（教員）、吉野高善《よしのこうぜん》（医師）、そして、八重山住民から圧倒的な支持を得ていた宮良長詳《みやらちょうしょう》（医師）などと積極的に接触を持つ一方、各字《あざ》代表者、婦人会、老人層とも会合を持ち、これらの人たちの協力を取りつけて行った。

また、宮良孫良、宮良高司と共に、大浜、白保、新川、宮良といった農村地域の指導者、上《うえ》間貞俊《まていしゅん》、石垣太郎《いしがきたろう》、田盛正雄《たもりまさお》、成底真嘉良《なりそこまから》といった人たちとも話し合いの場を持ち、農村地域の組織化をはかって行ったのだった。長義から提案された自治政府の構想は、みんなから歓迎されたという。

他方、青年たちは、宮城光雄宅で会合を重ね、自治政府の組織、人事、政策の数々について具体的な話し合いを続けていた。そんな話の中に青年らしい恋愛論や人生論も多く語られたと本盛茂は言っている。

長義と同年代であり教員思想事件に連座したメンバーを中心とする壮年者グループは、長義宅、吉野高善宅などで会合を開き、「食料の安定供給」「マラリア対策」「治安の回復」「財源確保のための事業構想」「組織の構成」「人事」などについて話し合いを重ねていた。

善亮の言葉によると、宮良長義は教員思想事件で検挙され教員を罷免された後、八重山住民から排斥を受けていた時代があったのだが、その間、農業に従事し、小作料引き下げを要求するため、「水田団地組合」(会長宮良高司)を各地に組織したり、「農業会」の民主的運営を計り、農道や水利の整備、農民の耕作権保障などの農民運動を展開して行ったという。その一方、馬車曳きを糾合して「八重山荷馬車組合」を組織し、組合長となり労働条件改善のための活動を行ない、農民層、労働者層から圧倒的な支持を受けるようになっていったとのことである。戦時中、彼は転向し大政翼賛的教育者、皇民化教育を進める教育者として教育界にカムバックするという複雑な道を歩んで来たのであったが、「八重山共和国」を準備していた一九四五年当時、彼は先進的な指導者として圧倒的な大衆性を獲得していたということだった。

豊川善亮や宮城光雄が長義と深く識り合ったのは、長義が教育者として復帰した後のことであったが、彼等は長義の大きな影響を受けつつも、転向、再転向という長義の複雑な歴史を思うとき心のどこかにある種の疑念を持たざるを得なかったことも事実であったと言う。

善亮と長義の、極めて微妙で複雑な関係はその後も長く尾をひき、長義の活動が積極化されるに従って、豊川善亮は次第に表面から後退して行ったのだった。

もちろん、青年層の間における役割り、指導力に大きな変化はなかったが、長義たち壮年者グループとの接触は少なくなって行ったようである。

豊川善亮にしても宮城光雄にしても、また本盛茂、内原英昇等青年層には、何ら思想的背景も社会科学の学習もなく、運動を展開し八重山の指導層にある人々を組織化して行く力はなかった。そこに、彼等が彼等だけで、自分たちの夢を遂行し得なかった最大の理由がある。

しかし、彼等が想起し活動を開始したのは事実であり、それを否定することは誰にもできないことで、長義も、八重山の人々を組織していく際に、

「青年たちの情熱」

という言葉をしばしば使っているし、彼自身、人民政府構想に参加した大きな理由として、

「青年団に引きとめられ、自治政府づくりに取り組むことになりました」と述べている。ここに、長義の生き様の極めて辛い部分が在るのではないだろうか？

革新的教育者から逮捕、転向、再転向という道を歩まざるを得なかった長義自身には、屈折した想いがあった。彼自身の内部ではその思想に一点の曇りもなかったにせよ、否、なければないほど、自分の思想とは全く反対の教育をし、若者たちを戦争協力者へと育て上げることに加担してしまったことに対する、悔恨の念は当然あったはずで、それが前の言葉に表われているると思えてならない。

長義は、教員に復帰し黒島国民学校の校長になる前、八重山青年学校の指導員として働いているのだが、この青年学校というのは軍隊に入ることになっている青年たちに「皇民としての道」を教える場であった。この事実を彼は一度も私に語っていないが、これはやはり長義の生き様の中でも語り得ない部分となっているのだろうと想像される。

しかし、長義のためにここに書いておきたいのは、彼がこの青年学校の指導員であった間、彼は皇民化教育をする中で、それとは対立する弁証法的唯物論を語るという複雑な講義を展開していたのだ。

もちろん、明確な言葉は何一つ使うことはなかったそうだが、後になって「長義の語っていたことはそういうことだったのか……」と気づいたと本盛茂は私に言っている。

敗戦という事態によって長義は、屈折した生き方から解放されたのだが、やはり想うところは多かったのではないだろうか？

宮良長義等の積極的な情報宣伝、組織化の活動により、十二月に入るころには八重山住民の間に、自治政府樹立という考え方は広く行きわたり、気運も急激にたかまっていった。

機が熟した十二月十三日、吉野高善宅で自治政府樹立に向けての「最後の準備会」が持たれることが決まった。

しかし、それに先立って青年者グループは宮城光雄の家で会合を持ち、最終的に指導者を誰にするかの話し合いを持っている。

善亮の記憶によると、それは十二月十三日の三、四日前だったとのことで、その時、自治政府の代表者として宮良長詳を推すという方針を決定したということである。

十二月の初旬、宮良長詳と宮城光雄が再度、宮良長詳をたずね、「自治会長の役を引き受けて欲しい」と申し入れを行なった。

その時の様子について宮良長詳は、一九五〇年に出版された「八重山振興博覧会記念誌」の中で次のように書いている。

「終戦五ヶ月目の十二月初旬、二人の青年が拙宅を訪れて来た。いつもと変って緊張している。

『先生、郡民は塗炭の苦しみにあえいでいます。道義はたい廃し、治安は極度にびん乱し、今に対策を講じなければ郡民は破滅のふちに落ちこまなければなりません。

このいたましい現状を黙殺することは、許すことのできない罪悪です。郷土再建のために我々青壮年の陣頭に立って邁進して下さい。』

切々たる愛郡、愛郷の至誠に肺ふをつかれて感動した私は、『そうだ、郷土浮沈の危局に直面して、安逸しゅん巡怯だは不徳である。にくむべき軍国主義戦争及び、我々の犯した反民主主義的過誤に対する反省と批判は、単なる自己ざんげであってはならない。自由と平和にみされた郷土再建への積極的実践活動を通じてのみ展開されるべきである。』

要は実践だと思って、私は青年たちと共にたち上がることを誓った。」

宮良長詳は、決して政治的な人間ではなかったが、彼もまた戦時中、八重山の指導者の一人として、皇民化を説く人間として国家に組み込まれていた。彼がそれをどう受けとめていたのか、死亡してしまっているので、訊ねることはできないが、「自己ざんげ」という言葉が彼の気持を如実に語っているのだと思う。しかし、長祥が楽だった点は、彼が政治的人間ではなかったというところで、そこに長義のそれと大きなへだたりがあったと言えるだろう。

豊川善亮等が、宮良長義を会長として推さないと決めた所には多くの要因があったように思えるのだが、それに関しては何ら証言はない。ただ、

「宮良長詳以外には、八重山住民を納得させることは不可能だったから……」

とだけ善亮は私に語っている。

八重山の住民から圧倒的な支持を受けていた宮良長詳という人はいかなる人物か？　ということについて、桃原用永は、「戦後の八重山歴史」の中で次のように書いている。

「宮良氏は、九州帝国大学医学部を卒業したレッキとした医学士で、当時は郡内きってのイ

ンテリゲンチャであり、エリートであった。生来正義感に強く、熱血漢で、喜怒哀楽の情を端的に表現する人間性豊かな人柄に、一面また直情径行、竹を割ったような性格の持ち主であった。

大の読書家で、古今東西の文学書、哲学書、宗教書を読破し、話題豊富で、ゲーテを論じ、ソクラテスを論じ、老荘を論ずるという学の深さを思わしめる人、また仏教徒で、禅宗に帰依し、南海山桃林寺檀信徒の総代として現在の基盤をつくった。」

宮良長詳が会長を受諾したことにより、マラリア対策に打ち込んでいた吉野高善も副会長を受諾することになった。

吉野高善も長詳と同じく医者であったが、彼は台湾総督府台湾医学専門学校を卒業したのち、岡山医科大学で博士号をとっている。

当時の八重山では、医師というのが最高の尊敬を集めていたのだが、共和国結成準備会が吉野高善に副会長の要請を出したのは、マラリアが蔓延していた八重山にとって熱帯医学の専門家である彼の力が必要不可欠であったし、八重山で唯一の博士号を持つ吉野高善という名前も必要であったからに過ぎない。

しかし会長の要請を受けていた医学士の宮良長詳、副会長の要請を受けていた医学博士の吉野高善、各々の心の中にどんな感想があったか確かめようもないが、含むところが多かったのではないかと想像される。

会長、副会長受諾の内諾を各々得て、共和国はほぼその形ができ上がった。そして、十二月十三日、吉野高善の家で「共和国結成のための最後の準備会」が持たれたのだった。

この夜、論議されたことは、宮良長詳会長、吉野高善副会長、宮城信範副会長という人選の決定、郡民大会の進め方、機構、規約、宣言決議文等重要案件についての最終的な了承であった。


一九四五年九月、豊川善亮、宮城光雄という二十三歳の若者の心に芽ばえた「共和国」の夢は、各年齢層の多くの人たちの心に広がり、多くの人たちの協力を得、多く人たちの夢と希望が加えられ、わずか四ヵ月にも満たない時間の中で膨れ上がり、次第にその形を明確にして行き、十二月十三日、ついにその骨格ができ上がったのである。


一九四五年十二月十五日朝、準備会は八重山の各字《あざ》に銅鑼《どら》を出した。八重山唯一の新聞、「海南時報」もまだ休刊中であり、何ひとつマスコミュニケイション手段がなかったため、八重山の古くからの決まりに従って銅鑼をまわしたのである。

遠い昔から、八重山では、何か重要なことを伝達する時には必ず各村に銅鑼をまわし、口頭で事柄を伝達していたのだった。

若者たちは銅鑼を叩き、今夕、「八重山館」（註、映画館、現在の「万世館」）において、郡民大会を開く事を告げてまわった。

そして、午後八時、運命の「八重山郡民大会」は開かれた。一千人を超す住民が集まり、会場に入りきれない人々が「八重山館」の前の道路にも溢れていた。

参集した人々は誰も、菜っ葉服姿であったり、農作業をする作業服であったり、あちこちがスリ切れて穴のあいた服装であったり、まともな恰好をしている人は誰一人として居なかった。

宮良長義も農作業をする時に着る赤茶けた作業服姿であったという。しかし、そこに集まった人々の心は一様に期待で燃えていた。

仮議長を選出し、経過報告がされ、宮良長義、潮平寛保、安谷屋長能《あだにやちょうのう》、宮城光雄の各氏が熱弁をふるった。

「なすことがないからといってマラの引き金ばかり引くな」という、敗残日本軍将兵に対する告発、食料自給、確保の問題、自治政府への抱負、そのどれもが郡民から圧倒的に歓迎され、場内には、「シッカリヤレヨーッ！」「タノムヨーッ！」などといった激励の声が飛び交い、八重山の人が感動した時に吹き鳴らすかん高い指笛の音が鳴り響いた。

宮良孫良は、大会に集まった人々の心の声を聴くため会場を動きまわっていたという。

「本当にみんなは自治政府を求めているだろうか？」

「反対派の人間が入っていないだろうか〜」

そういったかすかな不安を持ちつつも、彼は、

「否、絶対に成立させなければならない！」

「自分たちが考えたことは、絶対に間違っていない！」

と思い続けていた。

また、宮良高司は、大きな希望を持ちながら、

「これはうまく行く、郡民は、心の底から自治政府を望んでいるな」

と感じていたというし、本盛茂は、

「みんなが生きて行く支えを望んでいるのが胸に響いた」

と私に語った。

各字《あざ》から集まった郡民が述べる言葉もすべて期待に溢れたもので、誰一人として反対意見を言う者はいなかった。

大会は、「準備会」が想定していたとおりスムーズに進行して行き、自治会規約が採択され、役員の選出が行なわれ、総務部（宮良長義）、文化部（大浜用立）、衛生部（喜友名英文《きゆなえいぶん》）、治安部（与那原孫佑《よなばるそんゆう》）という行政機構、そして、当面の目標である、「人心の安定」「治安の確保」「引揚者の帰還促進」「マラリア患者対策」「闇物資の対策」が決められたのである。

大会宣言決議が、嵐のような拍手、館内を揺がすような歓声の中で、満場一致で採択された。

当日、「八重山共和国大統領」に選出された宮良長詳は、

「大会宣言決議を体し、規約に従い、時艱克服に専念したい」

という趣旨の就任挨拶を述べて、一九四五年十二月十五日午後十一時、ここに、人民の人民による人民のための「八重山自治政府」が樹立されたのであった。

豊川善亮は、当日の想いを私にこう語っている。

「希いが実現した興奮に酔い、会場に溢れた群衆の想いと一体になれた感激で胸がいっぱいになった。今もって何と言葉にしてよいか判らない」

また、宮良長義は、

「感慨無量で言葉もなかった。ただただ、念願の自治が成立したんだ！　という想いが身体中を包んでいた」

と語っている。


一九四五年九月のある日、二人の青年たちが夢見たその時、彼等は、その夢の実現性をどれぐらい信じていただろうか？　もちろん、実現させなければならないという強い意志と若い情熱はあったに違いない。しかし、一つの国家――「人民の人民による人民のための国家」を創り上げることの困難さを痛烈に感じていたのもまた、まぎれもない事実である。

しかし、とにかく彼等は自分たちの夢の実現に向かって行動を起こしたのだ。若さゆえの無

謀とも言える情熱、そして、「すべての人々が幸福を分かち合わなければならない」という真摯な心があらゆる困難に打ち勝って行ったのである。

だが、この夢の「八重山共和国」は、わずか八日間しか存在することができなかった。

それは、十一月初旬、米国海軍政府の統治権が南部琉球、すなわち宮古、八重山にも及ぶという確認を得た南部琉球軍政長官ジョン・デイル・プライス海軍少将が、チェース少佐を派遣し、十二月二十三日「米国海軍政府布告第一号―A」を発令し、八重山に軍政府を樹立したからである。

「布告第一号―A」は、十二月二十三日午前九時、八重山郵便局の壁に張り出された。

チェース少佐を代表とする一行は、八重山支庁において、支庁長代理の翁長良整《おながりょうせい》総務課長、宮良長詳自治会長をはじめとする幹部と会見し、米軍政府施行を宣言したのであった。

チェース少佐は、宮良長詳より、「八重山自治政府」の実情を訊き、その後、食料事情や医療情況を確かめ、マラリアの特効薬アテプリン一二〇万錠とサルファダイヤジン等の薬を無償で提供した。

米国軍政下に入った八重山の行政については、民意によって首長を選出し推薦するように命じるとともに、支庁議会を設置するよう求めた。

しかし、議員に関しては人民による直接選挙ではなく、首長が任命することとし、また、議会は議決機関ではなく諮問機関にする旨を通達したのだった。

さらに、「八重山住民に徹底させるように」と言って、「米国海軍政府、沖縄府民権及び行政府各官庁権限」というプリントを宮良長義に手渡している。これによると、「支庁長の権利義務」は二十八項目からなり、支庁長は、「市民に対して最高の権限を有し、あらゆる事項につき、住民の希望に副うように」と、その権限と義務を定めている。

この支庁の権限の中には、極度に混乱した情況に対応するため、

「全人民の用途に充《あ》つべく財産、食糧、施設を徴発する」

「税率、価格の決定、商品及必要品を配給する」

といった権限も含まれていた。

そして、支庁長は軍政府に対してだけ責任があると定められている。

「人民の権利義務」は十一項目で構成されていて、言論、出版、労働組合、政治結社、信仰の自由が与えられ、ストライキ権、婦人の参政権も認めるものであった。

このプリントを手渡した後、チェース少佐は、八重山支庁に集まった住民代表から、八重山の情況を聴取している。

この時の気持を、宮良長義は私に、次のように語った。

「やっと創り上げた念願の自治が、こういう形でアメリカの支配下に置かれてしまったというのは、言葉では尽せない無念であった」

また、豊川善亮は、

「自治政府樹立からわずか一週間で、早くもアメリカの軍政統治下になるとは、思いもよらなかった。

貼り出された一枚の軍布告によって、私たち人民も、これから永い歳月にわたり異民族支配の軍政によって、多難な将来になるのだろうと思うと、『やり切れない』という想いを切実に深くしたものです」

と私に語っている。

第五章　アメリカの対日占領政策

私はここで、歴史をさらに逆行させせなければならない。なぜなら「沖縄の分轄統治と太平洋戦争」という関連を明らかにしておく必要を感じるからだ。

そもそも、「太平洋戦争というものが何だったのか？」また「太平洋戦争の中で沖縄はどう位置づけられていたのか？」そして、「八重山はこれらとどのように関係していたのか？」

これらのことを識っておくのは、重要な意味を持つと、私は思う。

戦略的な面から見ればほとんど無価値に等しい宮古、八重山がなぜ必要以上に攻撃されなければならなかったのか？　これは大きな疑問だったのだが……。

簡略に言ってしまえば、その理由は一九四四年九月、アメリカ合衆国大統領、フランクリン・D・ローズベルトと大英帝国首相ウィンストン・チャーチルが、カナダのケベックで行なった「第二次ケベック会談」で話し合われたことに在る。

しかし、この件については暫く置いておいて、先を進めたい。

まず、「アメリカの対外政策」、とりわけ「戦後処理問題」が、「いつごろ、どのような形で研究されはじめたのか？」について、時間の経過に沿って調べてみようと思う。

このため、私はワシントン・DCにある「ナショナル・アーカイヴス」（国立公文書館）の資料を手に入れるとともに、いくつかの大学の図書館からも資料を手に入れ、イギリス国内からの資料、そして、日本で入手できた資料を区分し配列し整理して、アメリカ合衆国が太平洋戦争にどんな意図を持っていたのかたどってみた。

私が、アメリカの「戦後処理問題」について識る必要性を感じたのは、「八重山共和国」の取材を続けているうち、改めて「北緯三〇度」ということに突き当たったからである。

この「北緯三〇度」は、「サンフランシスコ条約」に謳われている「北緯二九度」に他ならない。（註、条約を締結する前、「三〇度」から「二九度」に変更された）

私はずっと「沖縄の分轄統治」は、敗戦の結果、後の了解事項として生まれたものだと思い続けていたのだが、「北緯三〇度」での線引きは、太平洋戦争開始後すぐにアメリカ・サイドでは検討されていたのだということを琉球大学の大田昌秀教授が「法学セミナー」に発表していた論文で識り、その意味するものが何なのか調べてみたいと思ったのだった。

これを調べて行くうち、私は「第二次世界大戦」そして「太平洋戦争」に関する私たち一般の認識は違っていて、実は太平洋戦争の中に「アメリカの野望」が秘められていたことに気づいた。

「第五章」と「第六章」は、神戸大学の五百旗頭真《いおきべまこと》教授の著書『米軍の日本占領政策』（上下）と琉球大学の大田昌秀教授の論文を参考にしながら、私が集めた資料から判断した私自身の見方を混じえて書いておこうと思う。

とは言っても、「アメリカの対外政策」とか「太平洋戦争と沖縄」などという問題については膨大な資料があって、それだけで何冊もの本ができてしまうテーマであるし、何よりも、私はこのテーマを専門的に研究している学者ではないから、ここでは時系列的に資料、出来事を並べ、その関連資料をさらに参考にしてアウトラインを書くことしかできないことをことわっておきたい。

一九一九年五月、パリ。

話は一気に七〇年という時間をさかのぼった所からはじまる。

この年の一月からパリでは「対ドイツ講和会議」（ドイツをいかに処罰しようか、という会議）が開かれていて、第一次世界大戦の「戦後処理問題」が協議されていた。

その五月のパリに、アメリカ、イギリスの有志が参集した。場所は「マジェスティック・ホテル」。参加した人の顔ぶれは、元アメリカ陸軍参謀総長タスカー・H・ブリス、ウィルソン大統領の腹心で「調査」（註、Inquiry＝第一次世界大戦の戦後処理を担当した機関）を組織したハウス大佐、後に大統領になるハーバート・フーバー、コロムビア大学歴史学教授ジェームズ・T・ショットウェル、ハーバード大学歴史学教授アーチボルド・C・クーリッジ、ウィスコンシン大学の極東専門家スタンリー・ホーンベック助教授、オックスフォード大学教授ロバート・セシル、ライオネル・カーチス、イギリスの外交官ハロルド・ニコルソン等々である。

彼等が大きな失望をもって話し合ったのは、一九一九年六月に締結されることになる「ヴェルサイユ条約」（註、対ドイツ講和条約）が、将来にどれほどの禍根を残すか？　つまり、「第一次世界大戦の戦後処理は失敗に終った」という共通認識についてだった。

この「対ドイツ講和条約」（ヴェルサイユ条約、サンジェルマン条約、トリアノン条約他）は、一言でかたづければ、「敗戦国ドイツに対する苛酷すぎる制裁」だけだったということである。

ウィルソン大統領が提唱していた、いわゆる「ウィルソニズム」を表明した一九一八年一月八日の演説にある「十四ヵ条」。

それは、「普遍主義的新世界構想」というもので、その冒頭には五項目の一般原則が附記されている。

○秘密外交の廃止
○公海の自由

○貿易の自由化
○民族自決に沿った植民地政策の調整
○軍備縮小

しかし、実際に締結された対ドイツ講和条約の内容は、右の五項目を軸にした「平等原理」に立つ「理想主義思想」とは無縁のものだったと言わなくてはならない。ウィルソン大統領は「平等原理」を提唱し続けていたにもかかわらず、「不正な戦争が何を意味するか、この際決定的に知ることは有益である」と最終的に「ヴェルサイユ条約」を支持したのだった。（註、第一次世界大戦では、日本は戦勝国の仲間であり、これによって北太平洋諸島の委任統治権を得た。これを日本に与えたことは大きな誤りであったとする意見が多い）

対ドイツ講和条約の内容に失望と危惧を抱いて、「マジェスティック・ホテル」に参集した人たちは、共通認識と共通理解の上に立って、「国際問題研究所」を創設することの合意に達し、これはやがて、アメリカとイギリスに別組織を創ることに発展して行くのだが、ここではアメリカの組織についてだけ触れることにする。

アメリカ側の組織は、一八一八年に東部エスタブリッシュメントによってすでに創られていた機関と合体して「外交関係協議会」（Council on Foreign Relations）という名前をそのまま使って活動を続けることになった。

当時のアメリカの国内事情を見ると「国際関係」とか「国際思想」などという観念はほとんどなく、学問の領域でもボストン郊外にあるクラーク大学で、ジョージ・H・ブレイクスリー教授が持っていた講座が唯一だと言ってよかった。

〈ジョージ・ブレイクスリーは、ニューイングランドのウェズレアン大学を卒業した後、ジョン・ホプキンズ大学、ハーバード大学で学びオックスフォード大学をはじめとするヨーロッパの大学にも留学している国際派の学者だった。〉

彼は歴史学の学者なのだが、クラーク大学の教授をしていたころ、多分アメリカではじめて「国際関係学」の講座を開いている。

ブレイクスリー教授は、幅広い知識の持ち主で、ラテン・アメリカ、極東、さらには、国際社会全体の枠組みを考えることができた数少ない学者であり、興味深いのは、第一次大戦の戦後処理の際、ハウス大佐の「調査」に加わり、旧ドイツ領であった太平洋諸島の処理問題を担当していることである。

この時点で、ブレイクスリーは、「これらの島々を日本に与えることは、将来アメリカにとって禍根を残すことになるだろう」と警告していた。そして、この警鐘は第二次世界大戦後までアメリカ国内で鳴り続けたと言ってよい。

「調査」での仕事を終えた後、彼は、「外交関係協議会」に招かれ、彼がその会に譲った雑誌「Journal of International Relations」（国際関係ジャーナル）に、委任統治諸島に関する論文を発表したり、一九二一年から始まった「ワシントン会議」に際しては国務省のアドバイザーとしてホーンベックと共に参加して貴重な意見を述べている。その時にも太平洋の委任統治諸島のレポートをまとめてその重要性を雑誌に発表したのだった。

ブレイクスリーは、卓抜した歴史学者であるとともに、第一次世界大戦、第二次世界大戦を通して、その博識と理論を以って戦後処理にあたった数少ない人物である。

太平洋戦争開始後、国務省の中にできた「極東班」は、ジョージ・ブレイクスリーを中心にして、日本史の研究家であったヒュー・ボートン、スタンフォード大学で政治学を教えていたジョン・マスランド助教授、東京にも駐在したことのある外交官キャボット・コビル、中国の駐在が永かった外交官クラレンス・スパイカー、グルー駐日大使の秘書だったロバート・フィアリー等々といったスタッフが、日本と中国の問題を検討して行くことになるのであった。

「孤立主義」が大勢を占めていたアメリカにおいて、「アメリカと関係ある国際的な問題の研究」「政治、産業、財政、教育等の専門家たちの組織化」「アメリカ国民に対する『国際思想』の啓蒙」を目的とする「外交関係協議会」が、この時期スタートしたのは、画期的な出来事であったかもしれない。

協議会は啓蒙活動に必要なコミュニケイション媒体として、雑誌の発行を考え、そのため前述したようにブレイクスリー教授が刊行していた「Journal of International Relations」を譲り受け、ブレイクスリーにも編集顧問として参加して貰うことにした。

この雑誌はアームストロングが編集長となり、書名を「フォーリン・アフェアーズ」(Foreign Affairs) とかえ、その後、権威ある「国際問題」の雑誌として成長していくことになる。この「協議会」は、他にも、「The United States in World Affairs」(世界情勢とアメリカ)、単行本としてスティムソンの『The Far Eastern Crisis』(極東の危機) などの出版活動も行なって国際思想の啓蒙に務めたのだった。

それとともに「協議会」は、人材発掘の意図も合わせ持って、一九三八年ころから各地に支部を拡げて行ったのだが、この人材発掘は大きな成果を上げ、後になって政府の機関に多くの人材を送り込むことにつながって行ったのである。

彼等は「国際社会の中で自国の利益だけを追求するのはいけない」としながらも、その基本思想は常に「アメリカの国益」ということに他ならなかった。

このような歴史を持つ「協議会」をその後主導的に動かして行くことになるのは、ノーマン・デイビス、イサイア・ボーマン、スタンリー・ホーンベック、ジェームズ・ショットウェル等という人たちで、第二次世界大戦の戦後処理に関しては、彼等が重要な役割りを担って行くのである。

一九三一年九月十八日の「柳条溝事件」に始まった「満州事変」に際して、スティムソンが「不承認宣言」を発して以来ギクシャクとしていた日米関係は、一九三九年七月二十六日の「日米通商航海条約」破棄により急激に悪化の道をたどって行った。

一九三〇年代を通して、アメリカの「対日政策」の基調は「日本が条約に違反して得た中国におけるすべての権益は認めないというアメリカの立場を表明しながら、中国への侵略を抑制しつつ日本との関係を保って行く」というものだった。

しかし、これが効果を生まない時、アメリカが選ぶのは「経済的側面から圧力をかけて日本を抑制する」、さらに「戦争になっても日本を抑制する」という極めて積極的な道であった。

対日関係が、悪化の一途をたどっていた一九三九年、「協議会」はいち早く「極東問題研究会」をスタートさせている。

一方、コーデル・ハルを長官とする国務省サイドでは、後にパスポルスキーを強力にアシストすることになるハーリー・ノッターが国務省内に「戦後計画機関」を設置すべきだと提案していた。

〈ハーリー・ノッターは、第一次世界大戦の戦後処理に関する「The Origin of the Foreign Policy of Woodrow Wilson」（ウッドロー・ウィルソンの対外政策の起源）という極めて実証的な本を書いた人で戦後処理について専門的な知識を持つ人間である。〉

第一次世界大戦の戦後処理に際して、ウィルソンの腹心であったハウス大佐の「調査」が実権を握り、国務省が意図的にはずされたことに第一次大戦の戦後処理の失敗の原因があったと考え続けて来たコーデル・ハル国務省長官は、一九三九年九月一日のナチス・ドイツ、ポーランド侵攻を機に、「戦後計画機関」を事実上スタートさせている。

ヨーロッパにおける戦争勃発の知らせを受けたハルは、極東問題専門家のホーンベックや日本問題の専門家、ジョセフ・バランタインにも深夜の招集をかけているのを注目しておきたい。

この非常招集の後、ハルはパスボルスキーを重用して、一九四〇年一月に「Advisory Comitee on Problem of Foreign Relations」を発足させる。

しかし、この諮問機関は四〇年半ばに中断されることとなるのだが、唯一パスボルスキーが主宰していた「経済問題小委員会」だけがかなりの成果を上げることができた。

〈パスボルスキーは、ロシアで生まれたあと家族と共にアメリカに移民して来たのだが、コロムビア大学で政治学と経済学をおさめ、やがてロシアを基軸とする国際経済学者として基盤をつくりあげた人物である。〉

太平洋戦争に突入してからは、「外交関係協議会」と「国務省」の協調と対立、ローズベルトとハルの綱引き、ローズベルト派のウェルズ国務次官とハルとの対立、ローズベルトの分身とも言うべきホプキンズの存在など整理のつけようもない複雑怪奇な情況が露呈されて行くのだが、それを詳述することにはあまり意味があると思えないので、ここではぶくことにしたい。

ただ一つ言っておくことがあるとすれば、ローズベルトとハルの間に複雑な関係があったとしても「日本に対する不信感」と「極東への野心」は共有していたということである。

ハルは、第一次世界大戦以後から終始一貫して日本に対する猜疑心を抱いていて、彼の外交政策の第一課題が、「極東問題」であったことは、彼自身の「回想録」にも書かれている。また、ローズベルトの方も一九三三年に大統領に就任した後、「近い将来日本との戦争が起こるかもしれない」と話しているほどで、両者の日本に対する相互理解は基本的にあったと言えるだろう。

一九四〇年四月、「協議会」の「極東研究会」で、オーウェン・ラティモアとウィリアム・ヘロッドがレポートしているのだが、これは当時のアメリカの「対日政策」を識る一例として非常に興味深いものがある。

ラティモアのレポートの主旨は、

「日本帝国の中国侵略を間接的に助けている対日重要物資の輸出は禁止するべきだ」

というものであり、ヘロッドのレポートは反対に、

「アメリカの経済的側面を考えれば、対日貿易は必要であるから『日中和平』のための努力に専心するべきだ」

というものだった。

ラティモアが学者でありヘロッドが実業家であることを識ると、この両者の意見の違いが多くの意味を含んでいるのが判って面白い。

この両者のレポートに対し、ホーンベックは、ラティモア教授の意見を支持して、「対日経

済封鎖」を進めるべきだとした。

〈スタンリー・K・ホーンベックは、スタンフォード大学の教授であった。第一次世界大戦の時、ハウス大佐の「調査」に加えられ、極東問題を担当している。ホーンベックとブレイクスリーは当初師弟の関係であったが、年を経るに従って師弟の関係を超えた親交に至るのだが、彼がブレイクスリーから極東に関する多くの知識を受け継いだであろうことは、容易に想像できることである。〉

ホーンベックは、一九四〇年当時に国務省の「極東部長」だったが、彼の日本観には驚異を覚えさせられるものがあった。

ホーンベックの日本観の基本は「変えることができない国民性」というもので、これは、「日本の宗教、文化、伝統によりはぐくまれたものであり、『天皇をシンボル』とする日本人の宗教思想の中には、他国民を支配する特権と宿命があり、そのエリート思想が膨張を求めるのである」

という「卓抜した」とでも言いたい分析である。

「協議会」において「極東問題」が議論される一方、国務省サイドでも、パスボルスキーが、戦後処理問題のための調査機関を設置するよう提案していた。

この年、すでに一九三九年にスタートしていた「協議会」の「戦争と平和の研究会」は、ボーマンの主宰する「領土」、アレン・ダレスの主宰する「安全保障」、シェパードソンの主宰する「政治」（ここには、ジェームズ・ショットウェルが参加している）の各研究グループを発足させ、積極的に「世界の戦後体制」の研究をはじめたのである。

〈ボーマンは、第一次大戦後の「パリ会議」に際して、アメリカ代表団の「領土問題」のヘッドとして参加した人物であり、ミシガン州立大学からハーバード大学に転校してそこを卒業している。彼は、アメリカ地理学会の第一人者であり、学問を政治の実策に反映させる現実主義的な学者であった。〉

一九四一年二月、パスボルスキーの提案を受けて、ハルは国務省内に「Division of Special Research」を創設して、バスポルスキーを中心に「混乱した国際関係から生じる様々な問題の分析と判定」を調査させることにした。

そして、九月十二日には、パスボルスキーとデイビスが、ハルの指示により起草した「Advisory Committee on Post-War Foreign Policy」（戦後対外政策における諮問委員会）の設置に関する具申書をウェルズ次官に提出したのである。

この内容は、「戦後処理問題に関して国務省がイニシアティヴを取る」というものだったが、ローズベルトからの決定は、ウォーレス副大統領のクレームで引き延ばされた。

しかし、すべては時が解決するものらしく、一九四一年十二月七日（ワシントン時間）の日本海軍による「真珠湾攻撃」で、アメリカが抱えていた様々なジレンマは解き放されたのだった。

第六章　アメリカの野望

第一次世界大戦のころから、アメリカが「孤立主義」をとりつつ、国際関係問題についての研究を重ねて来たことは前章に書いた通りであるが、その研究は、国際社会の中でどのように「アメリカの国益」をつくって行くか？　ということに他ならない。

この「アメリカの国益」というものの中には、歴史的に「アジア」、とりわけ「中国大陸」が想定されていたことは事実である。

この点について、長年駐日大使を務め、日本研究者としても知られるエドウィン・ライシャワーが、ジョン・K・エマーソンの『日本のジレンマ』という本の序文に興味深いことを書いているので紹介しておこう。

「……アメリカの対日貿易は一世紀近くも前に対中国貿易をしのぎはじめていたのに、アメリカ人は実現せぬままに終った中国貿易の『門戸開放』に血道を上げつづけたのである。急速に興隆しつつあった日本は、世界のほとんどがすでに先発の侵略者の帝国内に囲い込まれている中で、隣りの中国が食指を動かしたくなるほど脆弱であるのに気づいており、この日本に対して国際体系をどう調整するかが本当の問題であったときに、われわれは『中国問題』で頭がいっぱいであった。（中略）

日本との国際関係を平和裡に調整できなかった結果戦争が起こり、数年のあいだ日本が注目を集めたが、その後もう一度日本は人目を惹かなくなったようであった。それはアメリカ人が新たな『中国問題』にとりつかれはじめたからである。この新たな『中国問題』とは、もともとわれわれのものであったことのない中国を喪失したこと……（後略）」（傍点引用者）

この短い文章の中でもよく判るように「アメリカの国益」の中には、いつも「中国」というものが存在していたのである。

とり分け私には、傍点部分の表現は非常に興味深いものがあるように思えてならない。

この他にも、「ナショナル・アーカイヴス」の資料の中にはアメリカの「中近東から極東」に対する興味を示す資料はかなりの量残されているし、私がまだ見つけていない資料の方が圧倒的に多いはずだから、それらの資料を点検することができたら、「アメリカの野望」というものが如実に見えて来ると思う。

アメリカのアジアに対する積極行動が「太平洋戦争」であり、ミニマムに見た時、「太平洋戦争と沖縄」という関連性が、太平洋戦争における「アメリカの国益（野心）」を明瞭に語っていると言えるだろう。

私が、「アメリカの野心」を何となく感じたのは、パール・ハーバー急襲の時、「なぜ、アメリカの航空母艦が一隻もいなかったのか?」という素朴な疑問からだった。

戦史というものにあまり興味のない私は、そういった類の本を多くは読んでこなかったのだが、何かの折りに見た太平洋戦争をテーマにした映画の中で、「真珠湾攻撃」の時、アメリカの航空母艦がいなかったのは「偶然のことだった」というナレーションを聴いたことがあった。しかし私には、「この偶然はできすぎた偶然だ」と思えてならなかった。

その時から、私は、太平洋戦争というものに何かしらうさんくささを感じはじめたのだと思う。

その後機会ある毎に、少しずつ調べたことを総合すると、アメリカが意図的に日本を太平洋戦争に導いて行った足跡がいくつも見つけられたのであった。

こんなことを証明する資料は数多くあるのかもしれないし、そういった本も書かれているのかもしれないが、ここでは私が調べられた資料を基に、私が考える「太平洋戦争」(パール・ハーバーの奇襲によって実質的に開始された)、そして、「太平洋戦争と沖縄」について書いておきたい。日本が、対アメリカ合衆国との開戦を最終的に決定したのは一九四一年十一月五日のことだった。

この日、御前会議で「新帝国国策遂行要綱」が決定されている。つまり、昭和天皇の前で

「アメリカと戦争をはじめよう」と決定した会議である。

これを受けて、十二月二日、大日本帝国海軍連合艦隊司令長官山本五十六は、エトロフ島を出港してハワイに向かっていた機動部隊司令官、南雲忠一中将に「十二月八日午前0時（東京時間）を期して開戦」という命令を打電した。俗に言う「ニイタカヤマノボレ」である。

その時、アメリカ太平洋艦隊の空母「サラトガ」はサンディエゴにいた。「エンタープライズ」は日本の機動部隊がエトロフ港を出たころにパール・ハーバーを出港し、日本の機動部隊がハワイに接近したころ、戦闘準備をととのえて、グアム島からハワイ近海に帰りついていた。そして「レキシントン」は、山本五十六連合艦隊司令長官が開戦命令を打電したすぐ後の十二月五日、パール・ハーバーを出港して行った。

アメリカは、制空権を握ることが重要だと考えていたのでパール・ハーバーから航空母艦を意識的に出港させた。しかし、そのように出来たのは日本側の暗号が早い時点で解読されていたのではないかと推測するしかない。何故なら「あまりにも出来すぎた偶然」だからである。

対日開戦に際して、アメリカ側の持っていた基本姿勢は、

「日本が最初に明白な行動に出るまで、アメリカ側は行動を起こさない」

であった。

日米交渉が難航し、最終的に決裂した十一月二十六日、いわゆる「ハル・ノート」を日本に提示した翌日、マーシャル参謀総長は、アメリカ軍海外基地司令官に向けて、右に書いた指令

を送っている。

アメリカは、すべてを承知した上で日本からの攻撃を心待ちにしていたのだ。日本が最初に攻撃さえしてくれたら、戦争開始の正当性ができ、ローズベルト大統領が極端に注意を払っていた国内世論を敵にまわすことなく戦争が遂行できるからで、これこそが、「アメリカの野望」を現実に近づける最後のジャンプ台だったのである。

アメリカとの関係が極端に悪化していた一九四一年当時、豊川善亮は、「満州開拓青年義勇隊」準幹部として、「鉄驪《てつれい》大訓練所」に籍を置いていた。

彼は訓練所から選抜されて、「建国大学」または「ハルピン大学」への入学を志していたのだが、入学試験に失敗したため、原隊復帰を願い出て、東満州の宝清県「宝石訓練所」に移った。

善亮は、太平洋戦争開戦のニュースをそこで識ることになったのだったが、その時の気持について、

「国策である『満州開拓』という理想と情熱に胸を膨らませていた時期でもあったわけですから、開戦のニュースには強い衝撃を受けました。

しかも、同僚たちが徴兵検査で次々と入隊して行き、訓練所を退団して行くのを見ていたので、言いしれない寂蓼感にとらわれたのもまた事実でしたネ」

と言っている。

太平洋戦争に突入するとすぐ、アメリカでは「日本の戦後処理問題」が表面化した形で検討され始めている。

一九四二年三月には、「日本の領土分轄」について、

「南樺太《みなみからふと》はロシアに返還するとしても、朝鮮と満州は日本に残し、台湾、琉球、その他太平洋の委任統治領は日本から分離すべきである」

とエール大学教授ニコラス・スパイクマンが公式の席で言っているし、このころから、国務省の「極東政治部」「政治問題小委員会」「安全保障小委員会」が、「琉球の日本からの分離」について具体的な協議を重ねるようにもなったのである。

ウェルズの主宰する「政治問題小委員会」は、「安全保障上の必要を損わないかぎり、琉球を日本に保有させる」方向だったが、ノーマン・デイビスをヘッドとする「安全保障小委員会」側は、

「委任統治諸島に関しては、日本から分離すれば充分であり、アメリカが併合する必要はないが、ハワイとフィリピンを結ぶルートはアメリカが支配する方が安全保障上望ましい」

とし、最終的には統合参謀本部の意見を聞いてから結論することにしたという資料を残している。

統合参謀本部の回答は、太平洋の海空路と西太平洋から日本は駆逐され、連合国がこれを支配する。「北緯三〇度以南」の諸島を日本から剥奪する。陸海軍が戦略的な検討を済ませるまで、アメリカはこれらの帰属に関してはどんな約束もしてはいけない。という明確な三点にしぼられていた。

この時点で、奄美大島、小笠原をも含む「北緯三〇度」という境界線がなぜ出て来たのか？これは大きな謎と言えるかもしれない。

この「北緯三〇度ライン」の設定こそ、アメリカにとっては重要な問題であり、これは、これから後、様々な形で討議されて行くことになった。

「北緯三〇度ライン」が意味するものは、「小笠原、琉球＝沖縄の分離問題」であるのは言うまでもないだろう。

しかし、一九四二年当時の太平洋戦争における戦況は、日本側が圧倒的に優勢であり、南方地域（インドネシアまで）、東南アジア地域を支配し、アメリカ太平洋艦隊の主力艦船をはじめ、イギリス、オランダ、オーストラリアの極東艦隊はほとんど壊滅状態にされていたのである。

しかし、アメリカ側は、劣勢な戦況にもかかわらず「北緯三〇度ライン」をどう分離したらよいのかと検討を重ねていたのだった。

戦争が激しさを増していた一九四二年四月、豊川善亮は、故郷八重山の祖母から、

「健康上の理由もあり、一日会っておきたい」

という連絡を受けとり、休暇をとって帰郷した。しかし、激化した戦況のため海上交通もままならなくなり、再び満州に戻ることはかなわず、故郷で八重山支庁書記の職を得て、そのまま敗戦を迎えることとなった。

「琉球の分離」について、より具体的に討議され出したのは、一九四三年になってからだが、四月八日には、ヒュー・ボートンが「日本・放棄させるべき領土」という文書を発表し、その中で、

「……日本がアジアや南西太平洋に進出する踏台としたすべての地域を放棄させ、日本が再び太平洋における海空路を脅かしたり、支配したりするのを防がなくてはならない」

と述べている。

また、その年の六月、ジョージ・H・ブレイクスリーから「領土小委員会」に宛て、

「満州、朝鮮、台湾と委任統治諸島は剥奪する」

という主旨の文書が提出された。ブレイクスリーはこの中で、「琉球を中国が領有することに関してはあまり根拠がない」とも書きそえて「領土小委員会」の注意を喚起している。

この文書に対し、パスボルスキーは、

「太平洋上の委任統治諸島だけでなく、戦略的に重要な諸島も剥奪する」

とさらに強硬な内容に書き改めて「領土小委員会」の承認をとった。

「戦略的に重要な諸島」が、小笠原、琉球であることは言うまでもない。

琉球、小笠原は、日本の領土として認めなくてはならないと識りながら、アメリカの国益の必要から、「どうしたら国際的な非難を受けずに単独支配に持って行けるか?」その法的根拠を模索することがアメリカの次のテーマになって行ったのである。

これと共に、台湾と澎湖島についても、アメリカは同じ問題を抱えていた。台湾、澎湖諸島は、明らかに中国が回復すべき領土であるが、シー・レーン防衛上ここも重要な海域であり、ここに基地を創ることがアメリカの国益上必要であった。

琉球、小笠原と同じように、ここにもアメリカのジレンマが存在していたのだ。

しかし、ホーンベックは、台湾に関しては中国との相互的な協調によった「国際的基地」という形にもっていければうまく解決できるかもしれないと考えていて、そのような意見をハルに具申している。

ローズベルトもハルも、「大西洋憲章」にのっとった「平等原理」を支持する者とされているが、ローズベルト大統領の内部には、全く違う考え方があったと私には思えてならない。

そのローズベルトの基本姿勢が明瞭に示されたのが、一九四三年一月の「カサブランカ声明」である。

このコミュニケの発表の時、ローズベルトは、

「ドイツ、日本、イタリアの軍事力の除去とは、ドイツ、イタリア、日本による無条件降伏を意味するものです」

という「無条件降伏思想」を打ち出したのである。

「無条件降伏」とは、何を意味するのか？　その定義を詳述するのは、意味がないので、簡潔に言ってしまうが、「勝敗の明確化」「完全な武装解除」「一方性の貫徹」そして、さらに明瞭に言えば、「勝者のフリー・ハンド」を意味している。

つまり、「敗者はすべてにおいて勝者の言うことに従わなければならない」ということなのである。（この無条件降伏への道は、ノーマン・デイビスとローズベルトとの合作であったことを附記しておきたい。）

各機関の思惑はどうあれ、あくまでも「大西洋憲章」の「平等原理」に忠実であり、希望的な世界体制を夢見ていたコーデル・ハルが率いる国務省サイドのスタッフは「横暴・専横」による「分離」ではなく、正当性を持った（各国から非難されない）、「分離」の道を追求していたといえる。

ここで、アメリカの戦後計画の諸機関がどのようなフォーメイションになっていたか、概略を言っておこう。

まず、最高決定機関であるローズベルトを中心とするものがあり、ハル国務長官を責任者にした「Advisory Committee on Problem of Foreign Relations」と「Subcommitee」、そして、国務省内部の調査機関という形態があった。外部の機関としては「外交関係協議会」があったが、ここの構成スタッフは各委員会の主要スタッフとして入っていたし、「協議会」のノーマン・デイビス総裁は、ローズベルト及び側近とも親しかったので、すべてにわたって有効な力を発揮していた。

ここに、「琉球分離問題」を考えるときの必読文書と言われている、「T-343 LIUCHIU ISLANDS（Ryukyu）」といういわゆる「マスランド文書」と呼ばれるものがある。

これは、アメリカ合衆国ナショナル・アーカイヴスの「ノッターズ・ファイル」に残されている文書なのだが、多分、この文書が「琉球だけ」をテーマに書かれた最初のものだと思う。

この「T-343」は、マスランドによって書かれたもので、

「極東における戦後の領土処理は、琉球諸島を日本帝国から分離する可能性の問題を伴うであろう。（中略）琉球諸島は、戦略的にまた商業的に価値がある」

という前書きからはじまって、「解説」「日本の取得の歴史」「行政」「農業と産業」「貿易」「コミュニケイション」「安全保障要件」「分離」（一、中国への返還、二、国際管理、三、日本の保有）という八章で構成されている。

この内容を詳しく書くことははぶくけれど、この文書を読んで、私は少なからず驚きを感じた。というのは、この文書の中には、沖縄にかなり深く関わっていたと思う私も識らなかった

ことまで書かれていたからである。

このような、私的な感慨を抜きにしても、この文書は評価されるべきものであろう。それは、奄美大島は、沖縄県ではないという指摘をしている点と、「琉球の処理」について穏便な方法を三つ上げて検討の材料としている点である。

それは、第一案が「琉球を日本から分離して中国に返還する」というものだが、「中国が返還を要求する根拠はとぼしい」として、積極的に提案してはいない。

第二案は、「琉球を国際機関の管轄下に置く」という内容で、これはアメリカが支配権を握ることを意味している。

第三案は、「日本に保有させる」という案なのだが、これに関しては「琉球諸島の軍事施設を撤去させ、その上軍事的に利用されるのを防ぐために、国際機関が定期的にチェックする制度をつくる」という内容が盛り込まれているものだった。

この提案の配列は起草者の思考をよく表わしていると思われる。

つまり、琉球を最初に支配下に置いたのが中国であるから、日本に保有させないためには中国に返還するのが国際世論を考えた時安全であるというリーズナブルな提案がまず在って……。

しかし、琉球の支配をめぐる中国と日本との歴史と現状を考えれば、中国に返還しなくてもよい理由はたくさんあるとして、中国の要求を封じ……。

では、アメリカが支配するにはどうしたらよいのか？　という時、国際機関の統治にまかせる方法を考えている。この場合の国際機関とはアメリカの意味で、「領土不拡大」という原則に立つ場合の隠れ蓑が国際機関ということになる。

そして、やむを得ず日本に保有させる場合には、多くの制約をつくり、両国にとって無価値なものにする、という思考回路である。

前にも書いたが、ハルを長官とする国務省サイドは、「アメリカの国益」を優先させながらも、国際関係問題の実務者集団としての立場から、「横暴による取得」は避けたいと考えていた。

ローズベルトとチャーチルによって共同宣言された「大西洋憲章」に高邁にうたわれている内容には、

○両国は領土拡大を求めない。
○関係国民の自由に表明する希望と一致しない領土変更を欲しない。
○すべての国民がその政体を選択する権利を尊重し、強奪された主権と自治が回復されることを希望する。
○すべての国に対し、世界の通商及び原料が均等に開放されるよう努力する。
○改善された労働条件、経済的進歩、及び社会保障を確保するための国際協力を希望する。

○ナチの暴政を破壊したのち、全人類を恐怖と欠乏から解放することを希望する。
○全人類が妨害を受けることなく海洋を航行できるようにする。
○侵略の脅威を与える国の武装を解除し、恒久的な全般的安全保障制度を確立することに努め、また軍備軽減を助長することである。

といった美しい言葉がならべたてられている。

この「大西洋憲章」に謳歌された美辞麗句は、「アメリカの野心」を隠すためにも、「国際社会における信頼」を失わないためにも、国務省としては守り通さなければならないものだった。そのためにハルは法的合理性を追求したのであるが、軍部は極めて実利的に「日本帝国の解体」と「北緯三〇度以南」のアメリカ単独支配を思考し続けていたのであった。

にもかかわらず、一九四三年十一月に行なわれたアメリカ、イギリス、中国による「カイロ宣言」の内容は、非常に曖昧な表現の内容になっている。

「連合国が、この戦争を遂行しているのは日本帝国の侵略を抑制し罰するためのものである。三国は、自国の利益を切望しているわけでもなく、領土拡大の考えもない。この戦争の目的は、日本帝国から太平洋のすべての島々を剥奪することにある。これらの島々は、一九一四年の第一次世界大戦勃発時より日本が奪取したり占領したりしたものである。

中国から盗取した領土、例えば、満州、台湾、澎湖島はすべて中華民国に返還させ、さらに、日本帝国を、その暴力と強欲によって略取した他の領土から追放する。

また、前述の三強は、朝鮮人の隷属状態に注意を払い朝鮮に正当な手続きをとらせ、自由と独立を獲得させることを決意するものである」

この宣言の後に、イギリス側の資料には、

「これは、日本帝国が一八六五年以来その帝国に加えて来たすべての領土を手放すことを要求されることを意味している」

という附記がある。

この宣言の曖昧さは、「その暴力と強欲によって略取した」という表現にあると思う。「暴力」ということは判るとしても「強欲」とは一体何を意味するのか？　「強欲」という表現がまかり通るとすれば、ヨーロッパ先進列強諸国に「強欲」は一カケラもなかったのだろうか？　こと東南アジアに限ってみてもイギリス、フランス、オランダの植民地支配に「強欲」はなかったのだろうか？

また、イギリス側の資料にある「一八六五年」という年号を考えてみる時、アメリカ、イギリスは、日本の封建制度崩壊と欧米化という近代化を計ろうとした日本国家の存在自体を否定することも包括していると見なければならなくなる。

そしてまた、アメリカとの関係においてみれば、歴史的には、一八五三年にアメリカ合衆国のペリー艦隊来航（註、ペリー艦隊はまず琉球に行っている）。そして、一八五四年の「日米和親条約」、さらに関税自主権をも認めなかった一八五八年の「日米修好通商条約」（これは「強欲」ではないのか？）によって開国しなければならなくなった日本の存在を否定しようということに他ならないのではないだろうか？

この話はさておくとして、ローズベルト大統領は、中国に対して常に「大国化」をほのめかせ、あらゆる局面において肩入れをして来た。

例えば、蒋介石に、中国戦線最高司令官という意味のない地位を与えたり、日本占領に際しては中国が主導権を取るように提案したり、「大西洋憲章」を再確認する連合国の共同声明を発表する時、アメリカ、イギリスのすぐ下にソ連、そして中国を配し、その他の国々はアルファベット順に並べて中国を持ち上げたりしている。

このように、ローズベルトは「なぜそれほどまでに……」と言われるぐらい中国に肩入れしなければならなかったのか？

それとともに理解しづらいところは、カイロ会談期間中に行なわれたローズベルトと蒋介石との夕食会におけるローズベルトの発言である。

十一月二十三日の夕食会の際、ローズベルトは、中国の領土問題に触れて、「琉球の中国への帰属」について蒋介石の意向を訊ねている。

専門家ではない私は、「北緯三〇度ライン」にこだわっているアメリカが、なぜいとも簡単に琉球を中国に帰属させようとしたのか理解できなかった。

これを理解するためには、歴史的なアメリカの対中国政策を調べる必要があった。私の調べられた範囲では、ジョージ・ワシントン大統領の演説の中に、まず基本的なアメリカの対外政策の方針が見つけられる。

「ヨーロッパにおいては、たびたび紛争が起こるけれど、その原因は、本質的には我々と無関係である。

我国がヨーロッパから遠く離れた位置にあることが、我々に別の途を追求せしめ、かつそれを可能とさせ得るのである」

この原文を読んでいない私には、この数行だけで、何かを言う資格はないのかもしれないが、「別の途を追求せしめ……」というくだりには、非常に深い意味がこめられているように思えてならない。

基本的に、ヨーロッパに対して弱い立場にあったアメリカは、大西洋側には距離をおき、イギリスとの友好関係を保障としてヨーロッパの列強から身を守ろうとしていたのだが、その反面、太平洋側に向けては積極的な姿勢をとって行ったのである。

まず、アメリカは一八〇〇年代の中頃までに大陸を横断する国家を築き上げ、さらに太平洋の先に向かって「別の途」を追求しようと計画し、それを達成した。

一八九八年の「米西戦争」での勝利によって、幸運にも、アメリカはフィリピンまでのシー・レーンを獲得したのだが、これを機に一気に中国まで進もうと企図したのである。「中国への途」の第一歩は一九〇〇年にアメリカが中国の福建省に海軍基地を持とうと計画したことだったが、日本の阻止にあって、これは断念しなければならなかった。

この失敗の時から、アメリカは中国に対して「待つ姿勢」をとるようになったのである。日清戦争以後、「中国の分轄」は、列強諸国によって急ピッチで進められていたのだが、遅れて来たアメリカは、帝国主義的侵略をあきらめ、「時間をかけて全面的な影響力を持とう」という方向転換を行なわざるを得なかったと言ってよいだろう。

そのため、中国がどこか一国の支配下に置かれたり、列強によって分轄されるのを防ぐ政策をとり、当面は経済的な進出を試みることに決めたのである。

日露戦争以後は、極東における強国は日本に絞られ、中国を侵略することのできる唯一の国となった。アメリカは日露戦争の際ロシアの南進を喰いとめるため日本を援助していたのだが、日本が勝利した後は懸命に日本を抑制しようと試みている。アメリカは、自国の力が増大するまで日本と衝突するのを回避しながら、なおかつ日本を牽制しつづけなければならなかったのだ。

五百旗頭真教授は、

「アメリカのように急速度に拡大してきた国にとって〈時間〉とはすなわち〈空間の拡大〉

にほかならない」

と言って、アメリカが「待つ政策」を決定した理由について、「政策が決定された時点にではなく、アメリカの影響力が空間を埋めるべき将来に焦点が求められるのであろう」という解釈をその著書の中で示している。

このような、アメリカの「対中国政策」が基調としてあったとは言え、ローズベルトはなぜ中国に肩入れし、「中国の大国化」を計り続けたのだろうか?

そこには、いくつかローズベルトの策士としての陰謀があったと言わなければならない。

その最大の陰謀は、ドイツや日本にヨーロッパやアジアを支配させることは「アメリカの国益」に反するということを大前提として、その上で、早い時期から大戦に参加するのは損害が大きいので時間の経過を待つということであった。

そのためには、イギリスがヨーロッパで闘い続けることと、中国が日本と闘い続けることが不可欠な要素だった。

ヨーロッパ戦線に主力を投入しなければならない情況に置かれていたアメリカの脅威は、背後の敵=日本であり、日本の力をアメリカに向けさせないためには中国の戦闘継続が重要だったのである。

また、もう一つの大きな陰謀は、中国を連合国側にとどめておくことで、第二次世界大戦を「人種戦争」とさせない保障としようとしたことであった。

これはすなわち、日本帝国の言う「大東亜共栄圏思想」（白人支配からの解放）に、正当性を持たせまいとする陰謀としか言えないだろう。

このような深謀遠慮からローズベルトは、琉球の返還や天皇制廃止などについて一度ならず蔣介石の意向を訊ねているのだ。

しかし、蔣介石は、「琉球問題」に関しては「アメリカと中国による共同管理」、「天皇制」に関しては「日本国民の決定にまかせるべき」と答えて、どちらにも積極性を示さなかった。その裏には共産ソ連に対する脅威があって、戦後の極東体制を考えた時必ずしも「日本の無力化」を考えていなかったということがある。それと同時に「アメリカを安心させるため」と自分の記録の中で述べているようにアメリカに対する警戒心も持っていたと思われる。

ローズベルトは、中国に対して、過ぎるほどの好意を示すのだが、ここにはさらにもう一つの裏があった。

それは、前で触れた台湾における基地獲得の密約とアメリカ軍部の決定である。

この軍部の決定については、「ナショナル・アーカイヴス」の資料分類ナンバー「NND-750」という文書に次のように書かれている。

「アメリカ合衆国陸軍と海軍は、台湾を海軍の管轄下に置くことで合意した。

台湾の人口の九一・五パーセントが中国人であることと『カイロ宣言』で台湾を中国に返還することになっているので、中国政府が民政レベルにおいてアメリカ軍政府に参加するという希望は、どうやっても自然でリーズナブルなものであると、『Inter-Division Area Committee on the Far East』（極東委員会）は、中国が参加することを決定した」

これは、台湾を中国に帰属させると宣言しておきながらも、「アメリカ海軍政府下に置く」という意味にもとれるもので、中国に対する重大な背信行為と言う以外ない。

アメリカ合衆国及びローズベルトは、「領土不拡大」の原則に従って表立った帝国主義的侵略を打ち出すことは決してなかったが、各国の主権を認めながら実質的には自分たちの利益のために必要な地域を支配しようと企画していたのである。

ローズベルト大統領もハル国務省長官も「外交関係協議会」も「普遍主義的原理による世界の救済」というウィルソニズムの信奉者とされているが、私には決してそう思えないのと、何よりも「ウィルソニズム」そのものが信じられないのだ。

五百旗頭教授もアメリカの野心について論文の中で次のように言っている。

「地球的動乱はまた、米国の巨大な潜在能力を解放し、地球的帝国に跳躍する機会を与えるであろう。その予感なしに新世界の建設などといった途方もない問題意識を抱きうるものではない。その意味で普遍主義的原理に立つ世界構想は、米国がグローバル・パワーとして現われる日にまとうべき新しい衣装の準備であり、パックス・アメリカーナの聖典の起草準備に他ならなかった」（註、『米国の日本占領政策』より）

この五百旗頭教授の文意を極めて簡略に言ってしまえば、

「世界大戦が起これば、アメリカは力を持っているのだから全世界を支配するチャンスも生れる。そういう考えがなくて、なぜ『新世界建設』などという『馬鹿な夢』を見ることができるだろうか?」

ということになる。

五百旗頭教授が、どのようなつもりでこの文章を書いたのか、意味深長であるが、やや難解な文章で言っていることを、私なりに要約すれば、こういうことになると思われる。

私が、この部分を引用したのも、この意見が、ウィルソンという人間を信じていない私とどこか通じるところがあると思う。

ジョージ・ワシントンからはじまったアメリカ合衆国は、いつも自分たちの国を美しい言葉で飾り、その言葉に近づこうとして来たが、本質的にはエゴイズムの塊でしかなかったということが、歴史の裏側を詳細に探ることでいつか確実に証明されるであろう。

「カイロ会談」には、ハルを長官とする国務省の極東専門家たちは、随行しなかったが(これはローズベルトの故意だが)、「カイロ会談」での方向は、統合参謀本部とローズベルトの分身とも言えるホプキンス、そして、ノーマン・デイビスの考え方を参考にしたものだった。

国務省の極東専門家たちの意見を聴かなかったという事実をもって、極東問題に関する知識を持たないローズベルトが、極めて雑な宣言を起草したと言われているのだが、私には必ずしもそうと思えないところがある。

なぜなら私には、「無条件降伏」を前提とした「差別原理」（各国の平等を中心として、その上位にアメリカ、イギリスを代表とする大国を置き、下位に無条件降伏すべき国々を置く）を選んでいたローズベルトにとって、国務省がこだわる「理論」は二次的なものにすぎなかったのだという解釈があるからだ。

また、「安全保障委員会」のノーマン・デイビスとの親交があったことを考えれば、ローズベルトが「極東問題」に必ずしもうとかったとは思えないし、「北緯三〇度ライン」の重要性を認識していて、ハワイ→グアム→台湾→フィリピンとつながるシー・レーン上の小笠原・琉球は常に彼の頭の中にあったはずである。

それにもかかわらず「琉球」を中国に返還しようとしたのは、日本から琉球を分離するのはあくまでも中国の要望であるとして、「アメリカの野心」を隠しておきたかったからと推測する以外考えられないだろう。

この他、世界の戦後処理の問題は、「テヘラン会談」「ヤルタ会談」を経て明確化して行くのだが、アメリカの「別の途」である極東問題は、国務省内に「戦後計画委員会」「極東委員会」が設けられ、周到に計画されて行くのである。

一九四四年に入るとすぐ、国務省内で「対日占領政策」「軍政」「領土問題」に関する「CAC文書」が大量につくられ、具体的な「琉球分離」の方針が検討されて行った。

これら「CAC文書」の中で注目しておきたいのは、一九四四年十二月十四日付の「CAC-

307」で、この文書は、「琉球の将来における処理の問題」「基本的要素」（一、解説、二、日中との関係、三、戦略的価値、四、処理の展望）、「勧告」という三章で構成されている。

「勧告」には、

「It is recommended that the final arrengement for the disposal of the Liuchiu Island should not be prejudicial to the establishment under the authority of General International Organization of a base or bases in the island」

つまり、

「勧告として、琉球諸島の処理に関する最終的解決は、普遍的な国際機関の権限によって、この諸島に一つまたは複数の基地を置くことをはばむものであってはならない」

というもので、「これは『極東委員会』により再検討されたものである」と付記された、この件に関する最終文書である。（この文書の最後にはバランタイン、ブレイクスリー等、委員の名前が列記されていて、起草者はヒュー・ボートンとなっている。）

この間、九月に「第二次ケベック会談」が持たれている。

イギリス側の資料によると、この席でチャーチル首相は、ローズベルト大統領に「イギリス艦隊」の太平洋海域への派遣と「イギリス空軍」による日本への爆撃参加、そして、「イギリス陸軍」についてはシンガポール奪回後、なるべく早く日本の主力部隊と交戦させたい、という申し出を行なっていることが判る。

「イギリスの権威にとって、シンガポールを占領されたことは、大きな恥辱であると共に悲痛なできごとであり、その恨みを晴らさなければならない」

とまで、チャーチルは言っている。

ローズベルトは、チャーチル首相の強い申し出を受け入れ、十二月に「大英帝国太平洋艦隊」司令長官ブルース・フレーザー提督と「アメリカ合衆国海軍」太平洋方面司令長官チェスター・W・ニミッツ提督が会談を持ち、最終的にローリングス中将が率いるイギリス艦隊は、沖縄作戦開始に呼応して、沖縄の先島である宮古、八重山を攻撃することで合意した。

ちなみに、この作戦に対してイギリスが編成した艦隊は、「ジョージV世」を旗艦として、戦艦二、航空母艦四、巡洋艦五、駆逐艦十一というものであった。

八重山が初めて空襲を受けたのは、一九四四年十月十二日のことだったというが、この時はアメリカ軍による空襲であり、「ケベック会談」の取り決めに従ってイギリスの太平洋艦隊が八重山への空襲を開始したのは、一九四五年三月のことであった。

編隊を組んで空襲にやって来るイギリス太平洋艦隊の攻撃は執拗で、大した軍事施設も戦略的価値もない八重山への空襲にしては、必要以上のものだったと言わなければならないだろう。

豊川善亮は、日増しに激しくなる空襲を受けるたびに、

「戦争というものの実体が身近になったなあ」

と実感せざるを得なかったと言っている。
沖縄戦の戦況を伝え聴く毎に、彼の心の中には、日本の敗戦というものが現実として膨れ上がっていった。
それは、国家の教育により自分の所属する国家を信じ続けて生きて来た者にとって、やはり耐え難い挫折感を心に刻みつけていったに違いない。

アメリカ軍が、沖縄本島西側にある慶良間列島に上陸したのは、一九四五年三月二十六日であったが、この時点でアメリカはアメリカ合衆国太平洋艦隊司令長官兼南西諸島軍政府総長チェスター・W・ニミッツの名で「米国海軍政府布告第一号」、いわゆる「ニミッツ布告」を出した。その第一条及び第二条は、

第一条　北緯三〇度の南にある南西諸島及びその近海並に居住民に関するすべての政府及管轄権並に最高行政責任は米国海軍政府の機能に帰属し軍政長官としての本官の監督下の部下指揮官に依り行使さる。
第二条　日本帝国政府のすべての行政権の行使を停止せり。

というものであり、これにより琉球は事実上日本から分離されたのである。

これは、一九五一年に締結された「対日講和条約」（いわゆる「サンフランシスコ条約」）第三条、

第三条　日本国は、北緯二九度以南の南西諸島（琉球諸島及び大東島を含む。）孀婦岩《そうふいわ》の南方諸島（小笠原群島、西之島及び火山列島を含む。）並びに沖の鳥島及び南鳥島を合衆国を唯一の施政権者とする信託統治制度の下におくこととする国際連合に対する合衆国のいかなる提案にも同意する。このような提案が行なわれ且つ可決されるまで、合衆国は、領水を含むこれら諸島の領域及び住民に対して、行政、立法及び司法上の権力の全部及び一部を行使する権利を有するものとする。

によって追認されたのであった。

しかし、「ニミッツ布告」を布達した時点で、まだ戦闘も行なわれていないし、もちろん占領もされていなかった奄美大島も含めて「北緯三〇度以南」をアメリカ軍政府下に置くとしたのは全くの横暴としか言いようがないのではないか。

一九〇七年にハーグで集成された「陸戦の法規慣例に関する規則」（いわゆる「ハーグ陸戦法規」）によれば、

「一地方にして事実上敵軍の権力下に置かれた時、同地域は占領されたものとす」

として、占領の概念を規定しているが、この「陸戦法規」に照らしてみても、「ニミッツ布

告」がいかに横暴であるかが判るだろう。

きれい事を並べたてて来たアメリカの「野心」の一端がここに如実にあらわれていると言える。

第七章　米軍政下の八重山支庁

あるかないかの権力を振りかざす輩、重箱のすみをつつくようにしてクレームをつける輩、暗に接待を要求する輩を相手に私の過酷な日々は続いていたが、「八重山共和国」の形成の過程と世界を揺るがす戦争がどのように企図され、どのように具現化されるのか？　アメリカの野望が見え始めて、その戦争が戦略的価値はなかった八重山に壊滅的破壊をもたらしたのかを理解出来るようになるに連れ、私の興味は私の体力を問わなくなって行った。

アメリカの野望の表象である「米国海軍政府布告第一号―A」という重い重い紙切れによって、八重山に生まれ育った青年の真摯な心、そして、熱い情熱から生まれ出た「八重山共和国」は、蜉蝣のごとく短命に終った。

アメリカの統治下に入った八重山は、「南部琉球諸島米国海軍政府最高執行官」チェース海軍少佐の命に従って、十二月二十七日、初代八重山支庁長の選挙を行なった。

チェース少佐から、支庁長選任に関して、次のような指示が出されている。

○米国軍政下における仮自治政府として、八重山支庁を復活すること。

○支庁長は、住民の選挙によって選出された者を米国軍政府が任命すること。

○八重山支庁議会を設置すること。

この指示を受けて、一九四五年十二月二十七日、八重山の町村長、各団体長、八重山自治会幹部、一般有志等四十五人が、市役所会議室に集まり、無記名投票で初代八重山支庁長を選出した。

開票の結果は、宮良長詳三十三票、宮城信範十一票、山城興常《やましろこうじょう》一票ということで、宮良長詳が圧倒的多数の票を集めて当選したのだった。これを受けて、翌二十八日、チェース少佐は宮良長詳を八重山支庁長に任命した。この日から米国海軍政府下における仮自治政府としての「八重山支庁」が始動したのだが、宮良長詳支庁長は、組閣も議員の任命も終っていなかった十二月二十九日、平良専記《たいらせんき》を警務部長に、奥平朝親《おくひらちょうしん》を逓信部長に各々任命している。

警務部長と逓信部長を、何よりも先立って任命したのは、混乱する八重山の秩序を回復するための必然からであった。

イギリスの威信を回復するために必要以上の攻撃を受け、また、日本軍の横暴によって痛めつけられた八重山の敗戦直後の情況がいかに苛酷なものであったか？　これは、「沖縄県史十巻」「沖縄大百科事典」を読んでみれば容易に判ることだが、ここでかいつまんで伝えておきたい。

八重山に対する空襲が激しくなったのは、一九四五年三月からなのだが、これは「ケベック会談」での取り決め通り、アメリカ軍の「沖縄作戦」が開始された時と呼応している。

このころから、イギリス海軍の艦載機が十六～三十機の編隊を組んで八重山に攻撃して来るようになった。三〇〇キロから五〇〇キロの爆弾を飛行場に投下し、民家には機銃掃射を加えるというのが攻撃パターンだった。しかし一度だけ戦艦からの艦砲射撃があったと記録されている。

空襲は日増しに激しさを加えて行って、六月ごろにはピークに達していたのだったが、その時八重山に駐屯していた「独立混成第四十五旅団」（旅団長、陸軍少将宮崎武之、兵員七、〇〇〇人）は、高射砲を二、三回撃つだけで真剣に応戦することはなかったという。

英国軍の攻撃は威信を回復するため必要以上になされた。

八重山の沖縄戦で極めて特徴的なのは、マラリアによる死者の多さである。

この戦争に基因したマラリアによる犠牲者は、八重山で最も激しく、罹患者は一万六、八八四人で人口比五一・三一％に達し、死者は、三、六四七人を数えて、直接的な戦死者の二〇倍を超える。

そして重大なのは、これが日本軍が命じた強制疎開によってもたらされたことである。

とりわけ波照間島については、全住民マラリアに有病地の西表南岸に強制移住させられた。マラリアの罹患者は、全人口一、二七五人のうち一、二五九人（九八・七％）、死者は、四六一人（三六・二％）に達するという未曾有の悲劇を生んだのである。（註、『沖縄大百科事典』より）

空襲がはじまると共に、日本本土、沖縄、台湾などとの交通は完全にとだえた。そのため、食料をはじめとして、衣類、燃料（灯油、重油、ガソリン）、日用雑貨、器具、機械類など、他島から移入していたものがストップして敗戦後の深刻な物資不足の原因をつくってしまった。

その一方、日本軍はアメリカ軍が既に沖縄本島に上陸していた六月一日、「甲戦備下令」を下し、強制的に石垣町、大浜村の住民をマラリア有病地である山岳地域に避難させている。

歴史的に、マラリアに対する恐怖心を持っていた八重山住民は、避難するのを極度に嫌がったのだが、天皇の命令である軍の命令に逆らうことなどできるはずもなく、死ぬのを覚悟して避難したのであった。

避難や疎開をまぬがれたのは若者だけだったが、彼等には「鉄血勤皇隊」「篤志看護婦」への動員が待っていた。

この「甲戦備下令」がなぜ出されたのか？　全く理解に苦しむのだが、この命令による強制避難によって、敗戦後八重山はマラリアの猛威にさらされることになったのである。

それと共に八重山は、避難地から、疎開地から引き揚げて来た人たち、召集解除、徴用解除で各地から帰って来た人たちで溢れ、各町村とも戦時中に較べて二割から五割の人口増加になってしまったため、食料、物資は完壁に欠乏し、栄養失調になってしまった人が五、六千人にものぼるという悲惨な情況に陥った。

「身体中の肉が落ち、顔は黒く変色し、男女の区別も年齢も判断できなくなっており、杖をつきながら荒れ果てた石垣の町を歩く人の姿は憐れというより妖怪に出会ったような恐怖心を感じさせた」

と吉野高善は彼の著書「ふる里と共に」の中に書いている。

極端な食料不足を克服するため、否、何でもいいから食べたいという一心から、食用でも何でもないソテツの木を切り倒し実や幹を食べるといったことが日常的になり、調査記録を見ると一軒当り七〇〇本ものソテツを切り食用にしたことになっている。

また、無警察状態だったため、盗難をはじめ犯罪が頻繁に起こり、戦前は年平均一〇〇件にも満たなかった犯罪が一九四五年八月から十二月までのわずか四ヵ月の間に一、二〇五件も発生している。四ヵ月で一、二〇〇件というのは一ヵ月に三〇〇件ということになり、わずか三万人ぐらいの人口の島にしては驚くべき数字だと言わなくてはならない。しかも、この数字は警察機能が全く停止していた期間の数なのだから実質的にはどれぐらいの犯罪が起こったのかは想像することも不可能である。

盗難にあうものは、主食である芋をはじめ、かぼちゃ、冬瓜《とうがん》、へちま等の食料品が主だったが、食料品と交換できるもの、例えば衣類、ナベ、カマ、日用雑貨品も盗まれ、果ては牛や馬までといった具合に、とにかく何でもが盗みの対象になっていたのだった。

無警察状態の中で多くの犯罪が起こったのだが、その中でも徴用されて来ていた朝鮮人労働者、現地満期兵による犯罪が八重山住民に危機感を与えた。これを阻止するため内原英昇たちは、早くから自警団をつくって夜警をはじめたのである。

字石垣の青年団長だった内原英昇は、

「二〇〇人ほどいた朝鮮人労働者の犯罪と現満兵による女性への暴行事件が目にあまった」

と私のインタビューに答えている。

このような犯罪の頻発、食料不足、物資欠乏という情況に加え、強制避難の結果として起こったマラリアの蔓延が八重山にひどい打撃を与えた。

内原英昇は、

「四ヵ月ほどの間に八〇回ぐらい棺桶をかついだのではないか……」

と言っているほどである。

戦前には、マラリアによる死亡者は年間で三〇人も居なかったのだが、一九四五年一月から十二月までの間には一六、八四四人もの人がマラリアに罹り、その内三、六四七人が死亡している。

この唯一の理由は、マラリアの特効薬であるキニーネ、アテプリンがなかったからなのだが、実際には日本軍が多量のキニーネを隠匿していた。吉野高善医師たちが、再三薬を分けてくれるよう軍に要望したのだが、軍は一錠のキニーネも分け与えることはしなかった。

食料の欠乏、物資の不足、手のほどこしようもないマラリアの蔓延、あらゆる種類の犯罪の多発、闇商人たちの横行、栄養失調者の群……。これらの情況に対して何の対策も講じられなかった敗戦直後の八重山は、想像することすら困難な暗黒の社会だった。

このような社会背景の中から「八重山共和国」は出現したのだったが、それは前述したように消滅してしまった。

しかし、「八重山共和国」樹立に向けて準備が進められている間に話し合われ構想されたことは、アメリカ軍政府下に置かれた「八重山支庁政治」の中にすべてが引き継がれていったのである。

この八重山支庁の施策をふりかえって見ることにより「八重山共和国」が志向していた「国家理念」を明確にすることができる。

一九四五年十二月二十九日、宮良長詳支庁長は、治安回復のため警務部長を任命し、急激に進行しているインフレーションを抑制するため物価対策を開始した。

空襲が激しくなるにつれて途絶してしまった日本、沖縄、台湾との交通は、八重山に物資不足の種をまいたのだが、さらに、アメリカ軍政下に入るとともに、日本、台湾との交易が全面的に禁止され、物資の移入がとだえてしまった。この禁止命令によって八重山は決定的な物資欠乏を招いたのである。

その片方では、疎開地等から八重山に帰って来た人たちがお金を持ち込むので、通貨が溢れ、インフレが急激に進行してしまった。このインフレ対策として、支庁は「協定価格」を決めたり、「紙幣認印制度」の導入を決定している。

協定価格実施の第一号は、お正月を迎えるに当って、物資購入を楽にするという理由で決定した「一・一協定価格」であった。（註、一・一は一月一日の意）

この協定を守らせるために、売り手の違反者にはオーバーした金額の十倍の罰金、買い手の方には購入金額の十倍の罰金という罰則をつくり、また、売り手が再度違反を犯した場合には、全商品を没収して、営業を停止させるという厳しい罰則も設けている。

この「一・一協定価格」は、さらに、「五・一公定価格」を生み出すのだが、これは、五月一日の物価を基準として、その価格を一気に五分の一まで切り下げるという思い切った措置であった。

「米国軍政府の指示に依り日本通貨（一円以上）は来る一月三十一日迄に郵便貯金並に銀行預金に預入の上紙幣に認印を受くべし、認印なき紙幣は二月一日以降無効とす」

という布告第三号の布達によりできた「紙幣認印制度」の方は、インフレ対策であると共に、無一文だった政府の財源を確保するために新設した「資産税」を効率よく運用させるための施策でもあった。

インフレ対策としての「認印制度」は、疎開地等から帰って来た人たちの持ち込む通貨に対して、三百円だけ認印し、残りは預金させてしまい、通貨の膨張をふせぐ措置として考えられたもので、資産税の有効運用のための「認印制度」は、郡民全部の所持金を明確に把握するという性格を持っていた。

資産税は、郡民の全資産を課税の対象とするものだったが、不動産の確認はできても、各人が持っている通貨を把握し課税の対象とすることには困難があった。

そこで「紙幣認印制度」を導入して、各人の持っている通貨の量を把み、それに対して五パーセントの徴税をしたのである。

しかし、この「紙幣認印制度」も思ったほど徹底できず、四月には日本円を「軍票B円」に替えるという通貨切り替えに発展していった。

また、この他に「特別営業税」「出荷税」「噸《とん》税」（註、船舶の屯数に一定の税率をかけて算出する税で、当時は用船料として徴収した）「関税」という新税を設けるほか、既存の税のうち、戦前は極端に制限されていた酒の醸造を広く開放し、酒税の増収を財源の一助にもしている。

これらの政策の数々は「八重山共和国」が起想されたその当初から考えられていたものだが、具体的な制度として構築していたのは、崎山信邦《さきやましんぽう》たちであった。

翌三十日、宮良長詳は、「八重山共和国」樹立に向けて活動した人間を中心に支庁会議員の人選をし、支庁議会の組閣を終えた。

一月二十三日復刊した「海南時報」にその陣容が掲載されている。

「八重山支庁誕生

郡では民意の反映により自治会を結成し治安の維持に努めて来たが、南琉球諸島米国海軍軍政府最高執行官チェイス少佐一行の来島により石垣町字大川出身医師、宮良長詳氏が軍政府下の支庁長に任命され、支庁長により七部長が任命されて郷土八重山再建への力強い第一歩を踏み出した。

米国海軍軍政府下八重山支庁の機構及びその陣容は次の通りである。

総務部長　宮良長義《みやらちょうぎ》

経済部長　幾乃伸《いくのしん》

事業部長　崎山英保《さきやまえいほ》

衛生部長　吉野高善《よしのこうぜん》

文化部長　安里栄繁《あざとえいはん》

警務部長　平良専記《たいらせんき》

逓信部長　奥平朝親《おくひらちょうしん》
秘書課長　村山秀雄《むらやまひでお》
▽総務部
庶務課長　真玉橋長要《まだんばしちょうよう》
税務課長　崎山信邦《さきやましんぽう》
会計課長　崎山里秀《さきやまりしゅう》
▽経済課
農務課長　大城西助《おおしろせいすけ》
商工課長　冨田孫秀《とみたそんしゅう》
水産課長　喜舎場信演《きしゃばしんえん》
土木課長　小波津選良《おはつせんりょう》
▽事業部
主事　大浜国浩《おおはまくにひろ》
電気課長　真玉橋朝珍《まだんばしちょうちん》
運輸課長　潮平寛保《しおひらかんぽ》
営林課長　石垣用泰《いしがきようたい》
造船課長　金城永憲《かねしろえいけん》

▽衛生部
保健課長　譜久村《ふくむら》正一《しょういち》
防疫課長　喜友名《きゆな》英文《えいぶん》
▽文化部
学務課長　糸数《いとかず》用著《ようちょ》
社会課長　桃原《とうばる》用永《ようえい》
▽警務部
刑事課長　桃原《とうばる》用知《ようち》
保安課長　大宜味《おおざみ》朝善《ちょうぜん》
▽逓信部
通信課長　向井《むかい》信秀《しんしゅう》
為替貯金課長　宮良《みやら》賢副《けんぷく》
○八重山銀行
総裁　真栄田《まえだ》正雄《まさお》
○気象台
台長　瀬名波《せなば》長宣《ちょうせん》
課長　喜舎場《きしゃば》浩《ひろし》

この同じ紙面のトップには、ヒロヒト天皇の詔書が載っている。

「詔書

茲ニ新年ヲ迎フ顧ミレハ明治天皇明治ノ初国是トシテ五箇条ノ御誓文ヲ下シ給ヘリ曰ク

一　広ク会議ヲ興シ万機公論ニ決スヘシ

一　上下心ヲ一ニシテ盛ニ経論ヲ行フヘシ

一　官武一途庶民ニ至ル迄各其志ヲ遂ケ人心ヲシテ倦マサラシメンコトヲ要ス

一　旧来ノ陋習ヲ破リ天地ノ公道ニ基クヘシ

一　智識ヲ世界ニ求メ大ニ皇基ヲ振起スヘシ

叡旨公明正大又何ヲカ加ヘン朕ハ茲ニ誓ヲ新ニシテ国運ヲ開カント欲ス須ク此ノ御趣旨ニ則リ旧来ノ陋習ヲ去リ民意ヲ暢達シ官民挙ケテ平和主義ニ徹シ教養豊ニ文化ヲ築キ以テ民生ノ向上ヲ図リ新日本ヲ建設スヘシ大小都市ノ蒙リタル戦禍、罹災者ノ艱苦産業ノ停頓食糧ノ不足失業者増加ノ趨勢等ハ真ニ心ヲ痛マシムルモノアリ然リト雖モ我国民カ現在ノ試煉ニ直面シ且徹頭徹尾文明ヲ平和ニ求ムルノ決意固ク克ク其ノ結束ヲ全ウセハ独リ我国ノミナラズ全人類ノ為ニ輝カシキ前途ノ展開セラルルコトヲ疑ハス

（中略）

同時ニ朕ハ我国民カ時艱ニ蹶起シ当面ノ困苦克服ノ為ニ又産業及文運振興ノ為ニ勇往センコトヲ希念ス我国民カ其ノ公民生活ニ於テ団結シ相倚リ相扶ケ寛容相許スノ気風ヲ作興スルニ於テハ能ク我至高ノ伝統ニ恥チサル真価ヲ発揮スルニ至ラン斯ノ如キハ実ニ我国民カ人類ノ福祉ト向上トノ為絶大ナル貢献ヲ為ス所以ナルヲ疑ハサルナリ

一年ノ計ハ年頭ニ在リ朕ハ朕ノ信頼スル国民カ朕ト其ノ心ヲ一ニシテ自ラ奮ヒ自ラ励マシ以テ此ノ大業ヲ成就センコトヲ庶幾フ

御名御璽」

昭和二十一年一月一日

解説（一九四六年（昭和二十一年）一月一日、「新日本建設に関する詔勅」が発せられた。これが所謂、「天皇の人間宣言」と言われている詔勅である。

この詔勅はまず明治初年の「五箇条の御誓文」を掲げ、天皇と国民は、「単なる神話と伝説」ではなく、「終始相互の信頼と敬愛」によって結ばれていること、天皇を「現人神」とし、日本国民を「他の民族に優先する民族」と考えるのは、「架空の概念」であるとした。これが敗戦後わずか半年経って発せられた裕仁天皇の詔勅なのである。沖縄・八重山の人々はどういう想いでこの詔勅を読んだのだろうか。）

「八重山共和国」の理念をそのまま受け継いで出発した「八重山支庁」の政治の方針は、生活の安定と八重山を再建させるために人々の気持を未来に向けることだった。
具体的項目を上げると、

一、マラリア特効薬アテプリンの大量配給を要請すること。
二、食料品、衣類、日用雑貨、油脂類の配給を要請すること。
三、公有地及び不在地主の土地を解放すること。
四、住民皆農運動を展開すること。
五、食料の自給体制を確立すること。
六、低物価政策を断行すること。
七、インフレを抑制すること。
八、支庁直営事業を実施すること。
九、異民族支配による不安、恐怖心から住民を解放すること。(民主主義の根幹をなす基本的人権の尊重、自由平等の思想の啓培《けいばい》)
十、進取の気象と自主独立の精神を養うこと。
十一、宗教心をはぐくみ、育てること。
十二、敬神崇祖《けいしんそうそ》の念をはぐくみ育てること。
十三、伝統的文化をとりもどすこと。

十四、学校教育、社会教育を重視すること。（民主主義思想の普及）
十五、倫理八重山の建設を進めること。

という資料上の言葉となって残されている。

また、宮良長詳自身の言葉としては、復刊された「海南時報」一月二十三日号紙上に次のように残されている。

「一、誤れる避難命令によるマラリアの爆発的流行と歴史的レコードの死亡者対策。二、極度に行き詰らんとする食糧の打開策（衣食足知礼節《いしょくたりてこそれいせつをしる》と古人は教う）。三、悲報頻々として到る台湾疎開者を如何《いか》にするのだ！　四、波照間島の我が同胞がマラリアのため全滅せんとしている現状を如何にして救うか。五、軍部（日本の）の払い下げ品を中心としての醜悪なる利己的腐《りこてきふ》腸漢共《ちょうかんども》への一大痛撃と清掃作業を如何にするのだ！（断の一字あるのみ）。六、三中等学校を始め国民学校校舎の復旧も急がなくてはならぬ（何事も先ず人と言う問題が第一だ）。七、経済界の複雑怪奇を極めた諸問題を如何にして処理するのだ（経済なき人生は空虚だ）。八、海陸両方面の交通運輸の整備強化。九、物価の調整（気持よく如何にして商売させるか）。十、耕農の精神を如何にせば好転せしめ且生産欲を昂揚するか。十一、戦争罹災民の救助方法如何（資材の公平なる分配）」

確かに、こういう文章に接すると切羽詰った敗戦直後の八重山の情況が、ある種の説得力を持って迫って来るし、逆の見方をすれば、収拾のつけようもない混乱の様相が更に浮き彫りにされて来る気がする。

豊川善亮が、

「走りながら考えていた」

と語った言葉は、全く真実で、「八重山共和国」が「八重山支庁」と名を変えても、「走りながら考える」状態に変りようはなかったのだろう。

では、このような資料に残された言葉の根源にはどのような理念があったのだろうか？

豊川善亮の言葉に依れば、

「幸福を平等に分ち合える国」

という極めて明晰な、唯一の「理念」に帰って行く。

この豊川善亮は、八重山支庁庶務課員として、また、宮城光雄は商工課員として本盛茂は庶務課員としてそれぞれ八重山支庁に参加している。

第八章　「八重山支庁」（八重山共和国）の終焉

宮良長詳は、一九四五年十二月、チェース少佐から受けた指示に従って「八重山支庁議会」を設置するため、十二月二十八日付で、十八の議員を任命して、四六年一月一日、辞令を発表した。

記

石垣町　宮城信範《みやぎしんぱん》、喜舎場永珣《きしゃばえいじゅん》、山城興宮《やましろこうじょう》
大浜村　上間貞俊《うえまていしゅん》、成底真嘉良《なりそこまから》
竹富村　新裕吉《あらゆうきち》
与那国村　松田長茂
支庁側

宮良長義、吉野高善、幾乃伸

この顔ぶれを見ても、山城興宮を除いて、八重山支庁が「八重山共和国」をストレートに反映していたものだということがすぐに判る。

一九四六年一月七日、支庁は先に決めた通り、郵便局、銀行において「紙幣の認印押印」を開始していた。

「米国軍政府の指示に依り日本通貨(一円以上)は来る一月三十一日迄に郵便貯金並に銀行預金に預入の上紙幣に認印を受くべし、認印なき紙幣は二月一日以降無効とす」

という布告があったにもかかわらず、紙幣の認印は思ったように進まなかった。

支庁は、「認印制度」を導入する際、約三〇〇万の金額を予測していたのだが、実際に認印を受けたのは、その半分にも満たない一四二万八、七〇五円だけで、そのため支庁は、更に布告第十八号「無認印日本紙幣取締規則」を出して、認印のない紙幣を発見した場合は強制的に郵便局、または銀行に預金させることにした。そして、偽造印を押した紙幣を発見した場合は没収してアメリカ軍政府の指示があるまで支庁長の管轄下において保管できるという規則まで設けて「認印制度」の徹底を試みている。

この「紙幣認印制度」の開始と同時に、支庁は「官営事業」展開にも着手した。官営事業が構想された主な理由は、経済を復活させることにあったのだが、戦後の八重山の情況で民間企業がリーダーシップをとって経済復興を成し遂げるというのは不可能であったと言える。民間企業が成立し得ない理由には、郡民に資本がなかったことを筆頭に、事業経営に必要な資材の入手が困難であったし、ほとんどの人が食料確保のため農業をしていて労働力となる人材の確保が難しかったということなどが上げられる。

困窮の極に達している郡民にはもちろん、税を払う力などなく、支庁の財源を確保して行くには官営事業による利益が大きな力となると考えられたことも大きな理由である。

官営事業には、「造船」「営林、製材」「鉄工」「電気」「運輸」「出版」などがあり、支庁の各部各課がその事業展開に当ったのだった。

八重山支庁開庁を待たずに開始された事業は「運輸」と「電気」事業であったが、この二つの事業が他に先だって開始されたのは、アカス（註、松の根）を燃して夜を過すしか方法がなかった八重山住民の生活を早く改善したいということと、各地域間の交通網を復活させて農作物や他の物資の運搬を容易にし、人々の交通を便利にするという目的があったからである。

これらの官営事業は、自由主義経済社会の原則からすれば当然民営事業として興されるものであるが、前述したように様々な情況から官営となったのだった。しかし、社会が安定して民営化できるようになった時点で民営に移すということをその当初から決定して着手されたのである。

これら官営事業の収支決算額は（一月から四月末じめ、印刷事業は開始されたのが五月だったため入っていない）、

「営林、製材事業」　一三、二八五・〇八

「造船、鉄工事業」　二二二、〇三四・七六

「運輸事業」　九八、四〇五・二七

「電気事業」　一四、七六七・二七

の計三四八、四九二・一二円で、税金による収入を十万円もオーバーしていて、支庁の財源を助けただけでなく住民の生活を向上させる福利にも貢献したのだった。

この官営事業と共に画期的な政策だったものが「接収委員会」の設立である。これは、一部の人たちが日本軍から横流しを受けた食料をはじめ、機械、器具、船、トラック等の資材や営利会社を接収して、人々に平等に分けて行こうという政策を実現させることを企図して設立されたものだった。

「接収委員会」設立の法的背景は、「支庁長の権利義務」の第九条、「支庁長は、全人民の用途に充《あ》つべく財産、食糧、施設を徴発することを得」

また、布告第十二項、

「先に全施設は、支庁長の管理下にあるべく而して之より生ぜる供与物は支庁により分配さるべし」

そしてまた、布告十九項、

「土地、建物、其他財産は、公益のため没収することを得」

等といったものにある極めて正当なものであったが、この接収という考え方は、豊川善亮、宮城光雄の中にその当初からあったものだった。

資料によると「接収委員会」の正式な発案者は、依光直重《よりみつなおしげ》ということで、「接収委員会」は、税務課長の崎山信邦をはじめ、宮良長義総務部長、松島朝永判事、平良専記警務部長、大宜味朝善保安課長、依光直重民間代表等八人の委員で構成され、四六年一月十日発足している。

接収は、○旧日本行政下にあった全官庁、その他団体のすべての財産、○日本軍撤収によって出て来た軍需資材及び不当払い下げ物資、○布告第六号の「郡内に於ける油類、トラック、自動車及電気、機械、器具並其の他の各種部品の郡外搬出を厳禁す、違反者は該当物資を没収し尚厳罰に処することあるべし」。虚偽申告者の取り締り（埋蔵隠匿物件《まいぞういんとくぶっけん》、船舶等）を重点課題として一月二十三日開始された。

この「接収委員会」設立について、宮良長詳は、

「いずこも同じことで戦争成金、焼け肥りの敗け肥りの奴等は山海珍味をならべて三食ゼイ沢に食っています。

日本軍の遺産は縁故関係か馴染《なじみ》の者に横へ流し、公共団体に払い下げて配給せず、勝手な振舞、横暴の限りをなす等、目に余るものあり」

と伊波普猷《いはふゆう》に宛てた手紙の中で書いている。

また、宮良長義は「沖縄タイムス社」発行、「私の履歴書」の中で、

「日本軍は当時約一万人分の食糧（カンパンや米など）を約三ヵ月分貯えていたといわれ、それを部隊幹部が一部業者に横流しして、業者はそれを郡民の食糧、物資難を横目に倉庫にしまいこんでいたのである。これを私たち接収委は提出させて買い上げ平等に郡民に提供して、新八重山建設のために役立てようとしたのである。そして接収物品は社会が安定した段階で所有者に返却することにしていた。私はいま思うに、あの悲惨な社会状況を一日でも長く放っておけば業者に対する郡民の怒りは爆発し、流血の惨事を招いたかもしれないと――。それを私たちは払下げ価格より安いが、それでも当時の財政難の中では精一杯の努力をして買い上げ、生産手段すべて自治政府が統轄するという一種の社会主義政策で実施したからこそ、社会混乱や経済危機を切り抜けて短期間に今日の新八重山繁栄の基盤づくりができたと思っている」

と書いている。

しかし、このような「紙幣認印制度」「協定価格」「新税」「接収」「官営事業」などの施策に反対する動きも在ったのは事実である。

「接収」や「官営事業」に反対していた人たちは、戦前、県会議員をしていたり、竹富村長を務めたこともある歯科医師の柴田米三、「接収委員会」によって乗用車を接収された医師の牧志宗得《まきしそうとく》、酒造業者の玉那覇有春《たまなはゆうしゅん》、八重山以外から移住して来た、いわゆる「寄留民《きりゅうみん》」と言わ

れた人たちの有力者であった吉本吉山《よしもとよしやま》、商店経営、鰹節製造業者の篠原光次郎等であった。

彼等は、「支庁が寄留民の財産を没収し、郡外へ追放しようとしている」「紙幣認印制度によって認印のない紙幣が、八重山以外では通用しなくなってしまい商売が成り立たなくなる」「接収委員会によって自分たちの財産が接収される恐れがある」等といった危機感を持っていて、八重山支庁政治に敵対意識を抱いていたのである。

彼等が、こういった危機感を抱いたというのは、彼等が「金持ち」「物持ち」だったからということにつきるだろう。

商人や事業者が多い「寄留民」は、ある意味で八重山の、戦前そして戦後の経済界を支配していた特権階級に属する者たちであり、彼等としては「接収」「協定価格」「紙幣認印制度」「官営事業」といったものはすべて、自分たちの利益をおびやかす以外の何物でもなかったから八重山支庁の政治に反対して、それを潰してしまう以外自分たちの特権と財産を守る道はなかったのである。

彼等は、反対勢力をつくるため、あるいは結集するため秘かに会合を重ね、一九四六年一月三十一日午後一時「共和会」結成の郡民大会を開催したのだった。

その会の模様について二月二日号の「海南時報」は、

「新政府糾明《きゅうめい》の郡民大会　騒然たる中に共和会結成」

というキャプションをつけ、次のように報道している。（■は判読不能）

「牧志宗得氏柴田米三氏主催の八重山郡民大会は去る三十一日午後一時より八重山館にて開催。牧志宗得氏により新政府罵倒の為の郡民大会に非《あら》ず、種々の民衆の不安が訴えられたため総意を結集する目的で本大会を開くものだという意味の開会の辞があり其後角野勝次氏、玉那覇有春氏、吉本吉山氏、柴田米三氏五名の弁士により現在支庁により施行せられつつある紙幣認印押印、協定価格、課税、接収問題に対する不安、その他支庁人事、寄留民排斥等につき滔々《とうとう》三時間にわたる弁論を以って民衆に訴えた。支庁側では施政上に口相を欠くもの一部の扇動デマ[redacted]宣伝であるので民衆前にての懇談を申し込んだが主催者側に拒否された為憤然として民衆に向い、大会に不満を持つ者は全部退場せよと絶叫。ために不審の民衆は騒然となり席を立ちなだれをうって会場を退出、憤気《ふんき》もうもうと立ちのぼり、飛び下りる者、もまれもまれて人の流れに乗ってなだれ出るもの、絶叫する者、集る者、拍手する者、弁論する者、真に両者対立ただならぬ形勢を呈した。場内では残留者で再開、強固たる団体結成のため吉本吉山氏、横田恵永氏、角野勝次氏（現地満期兵。註、筆者）、篠原光次郎氏等七名の委員を選び、力を合わせて本郡郡政の溌溂たる運営を企図《きと》し光輝ある八重山建設のためにと八重山共和会を結成。会長に牧志宗得氏、副会長に大坪亀吉氏、幹事長に柴田米三氏を推すことに賛同の拍手を持って決定、宣言文を朗読して閉会した。（後略）」

閉会後、場外にいた市庁側の人たちが場内に入り、潮平寛保、宮城光雄、喜友名英文などが、「寄留民排斥などあり得ない。柴田一派の策動であり、デマである」

と共和会を糾弾したのだった。

また、宮良長義は、支庁政治に関する様々な問題を説明した後、

「廃すべきは廃し、押し切る所は押してデマを一掃せよ！　本日の大会が一派の政界乗り出しの野望であってはならない！　郷土の復興を真に望むというのなら互に手をとればよいのだ！」

と演説した。

宮良長詳支庁長は、彼独自の哲学から「和の精神」を説き、「共和会の出現は八重山建設に一助ある」

と「共和会」を評価したという。

しかし、二日後、

「この間の郡民大会は、八重山住民と寄留民とを憤然と対立させたことは、八重山建設の将来に大きな罪悪を流したもので残念に耐えない……」

というコメントを発表して会場で言った言葉を取り消している。

もちろん、このコメントが提出された裏には、宮良長義等「八重山共和国」樹立に動いた人たちの意見の数々があったのだろうと思う。「共和会」を認めてしまうことは八重山の革新で

あった長義等教員思想事件グループ、そして、必然的に、また本源的に革新であらざるを得なかった豊川善亮、宮城光雄等の青年グループにとって、自分たちの理想を危うくする大きな要因になると思えたからである。

「共和会」発足の意味するところは、歴史的に八重山を支配して来た封建的ヒエラルキーの、形を変えた復活であるから、戦後の混乱を回復し、一気に彼等の理念――八重山住民の幸福の追求――に基づく「国家」を求めた者たちにとっては絶対に認められるものではなかった。

そして事実、この「共和会」の存在は、その後の「八重山支庁政治」に影響を与えるものになって行ったし、「共和会」は、「八重山民主党」へ、「八重山支庁幹部たち」は「人民党」結成へと発展して行き、泥沼の政争を繰り広げることになるのである。

「紙幣認印制度」「官営事業の展開」「新税」「接収委員会設置」等々、次々と施策を講じて行った「八重山支庁」の開庁式は、宮良長詳支庁長任命後およそ一ヵ月たってからやっと開かれたのだった。

一九四六年一月十六日午前十時、支庁広場で開庁式を行ない、午後二時から石垣小学校で、一般の住民も参加して祝賀会を開催した。

この開庁式で、宮良長詳支庁長は前に書いた十六項目にわたる所信表明を行なったのだが、その内「宗教心の啓培《けいばい》」及び「敬神崇祖《けいしんそうそ》の念涵養《ねんかんよう》」というものは彼自身の哲学によるものだった。

この二つの項目の意味するものは、「祭政一致」といったもので、郷土史家でもある桃原用永は長祥の考え方について、

「八重山における古代部落社会の特色は、他と同様、(一)嶽《みたけ》を中心とした祭祀と政治が行なわれた。(二)農耕、漁撈《ぎょろう》その他すべては、共同作業(ゆい)によった。(三)村落の重大問題は全体で協議して処理した。(これは直接民主主義のパターンを取ったと思われる。)などが上げられる。

即ち、古代社会は、祭政一致の行政がとられていた。(中略)

……統治者として政治を執《と》るようになって、ふと、思い出したことは、古代の村落共同体、即ち、嶽《みたけ》を中心とした平和な(治者も被治者もない)共同的な民主的な政治形態ではなかったろうか……」

と著書の中で書いている。

この支庁開庁式に寄せて、支庁議会議員代表として宮城信範が祝辞を述べているのだが、その中で彼は次のように語っている。

「……郷土を憂え郡を愛する先覚の士は袖手傍観《しゅうしゅぼうかん》するに忍びず、敢然起《かんぜんた》って早急に強力なる自治体を結成するの緊要《きんよう》なるを提唱し輿論《こうろん》を喚起《かんき》し、やがて郡民の総意に基く八重山自治会を組織発会して、治安を確保し米軍政府当局と折衝懇談を遂げ民意の暢達《ちょうたつ》を図り、当面の重要問題解決に努めたのであります。

米軍政府は軍政府下に八重山支庁をおき、流石《さすが》民主主義の国だけあって郡民から支庁長の推薦を求めたので、人格高潔学識深く識見卓抜、しかも果断敢行《かだんかんこう》の士、医学士宮良長詳殿が衆望をこぞって推挙されました。愛郷の熱情に燃えた氏は私事を擲《なげう》ち決然受諾せられ米軍政府当局その推薦適正であり且又最適任なるを認め、茲《ここ》に、民意の反映による新支庁長の任命を見るに至りましたことは詢《まこと》に本郡のため慶賀に堪えない所であります（後略）」

開庁後、八重山支庁は、「医療」「食糧自給体制確立」「マラリア対策」「教育」「社会教育」「文化活動の助成」「疎開者の引揚促進」等々に関して積極的に取り組んで行ったのだった。

マラリア対策は、チェース少佐が八重山に来た時支給してくれたアテプリン一二〇万錠を有効に活用して展開された。

吉野高善をはじめ、大浜信賢《おおはましんけん》、大浜孫昌《おおはまそんしょう》など八人の医者が、新しく開設された「マラリア診療所」で治療に当り、一九四六年だけで一五、九一〇人の患者を治療し、マラリアを抑えるのに成功した。

食料自給体制の確立は、行政側としても個人としても重要な問題であり、支庁では、芋作、稲作、麦、大豆、野菜等の増産を促すため、「皆農運動《かいのううんどう》」を起こし、自給確立を計った。

住民全部が農業をはじめたことで農地不足という状態が生じたため、支庁はアメリカ軍政府の許可を受け、不在地主所有地（註、現在、八重山に住んでいない人の持っている土地）の解放、つまり「農地解放」まで行なっている。

教育に関しては一九四六年一月七日、敗戦後はじめて「郡下校長会」を開き、「教育内容」「学力増進」「校舎復旧」「教科書編纂」等の問題について話し合われたが、教育の基本方針は、アメリカ軍政府から「軍事教育及び教練」「修身、国史、地理等、準軍事的性質を持つ科目の廃止」などの指示に沿うものであったのは言うまでもない。

戦後の情況を如実に表わしたものとしては、「食糧事情が悪いため、教師も農業に従事しなければならない」という理由から、「週二日制」が提案されて満場一致で採択されている。

また、支庁の援助によって「婦人会」「青年団」が次々に結成されるとともに、「八重山文化」「民友」といった雑誌の創刊、支庁広報としての「旬報」が発刊されたり、体育祭、演劇会等の社会教育、文化活動も活発になって行って、身心共に疲れ果てていた八重山の人々の心にうるおいを与えたのだった。


八重山支庁が開庁した六日後の一九四六年一月二十四日、「八重山共和国」は、その任務を終えたということで、八重山支庁会議室において宮良長詳が解散の挨拶をし、宮良長義が経過報告と会計報告を行なった後、静かに解散が宣言され、永遠にその姿を消したのである。

第九章　地方紙「海南時報」（一）

一九四五年九月、豊川善亮、宮城光雄という二人の青年の心の中で起想され、十二月十五日夢は形となり、八日後その存在は形を替え、しかし実態としては存続し続けた「八重山共和国」。

私は、断たれてしまった夢の続きをもう一度見たいという欲望にかられて、沖縄という地にまた足を踏み入れてしまった。

波照間の断崖の上ですべてを諦めてから、私は、日本国という自分にとって何らアイデンティティーの持てない国家の一員として、私の日常というものを生きて来た。もちろん、私にとってそれがアメリカであろうとソビエトであろうと、その他現存するいかなる国家であろうと、そこに何のアイデンティティーも持てないということに変りなく、波照間から帰った後、私は大いなる諦念を持って、自分の未来を捨てたのだと言ってよい。

私は、私の未来というものに何の希望も期待も持たないように決めた。そうすることでしかこの社会で生きる術《すべ》が私にはなかったからだ。私がその後も生き続けて来たのは、私が人間として最低限果たさなければならない責任があったからに過ぎない。

「守るべきもの」という言葉が私の脳裏をよぎって行く。しかし、私には「守るべき何ものもなかった」。

確かに愛する者たちを守るということはあるのだろう。だが、こと自分自身というものを想う時、私には「守るべきもの」なんて何もなくなっていた。物質欲とエゴイズムがぶつかり合うこの社会の中で、自分の未来における姿についての希望を捨て、期待を捨て、多くの物を望まない生き方を選んだ時、この世のすべての事共《ことども》は無用のものと化したのだった。

しかし、それでも自分の負った責任を果たそうとする時、多大な困難に直面しそれをかたづけて行かなければならない事態に追いやられてしまう。

どうやっても迷路は存在していた。しかし、私は出口を求めず迷路の中で迷い続ける覚悟をすることによってこの社会で生きて来たのだった。

しかし、「八重山共和国」という言葉に触れた時、私は幻惑され、再び繰り返されるかもしれない消耗を愚かにも選択してしまったのだ。この「夢の共和国」を追いかける行く手にも、また大いなる挫折が待ち受けているだろうことを想像するのは容易なことであった。しかし、生きる勇気を失いかけていた私にとって、かつての夢の続きを見ることは慰安であり、安息であると思えたのだ。

私は、この「夢の八重山共和国」が存続し得た期間、その国家の中でどのような事実が起こったのかを一九四五年一月二十三日復刊された八重山唯一のマスコミュニケイション媒体である「海南時報」の中の記事を拾うことでたどり直してみたい。それを検証することは、日本の戦後をそのまま生きざるを得なかった私のもう一つの道をたどることを意味するからである。

（註、原文の旧カナづかいは現代表記に改めた。■になっているところは判読不能の文字である。第十章も同じ。）

一月二十三日㈬

主な記事　「詔書」「八重山支庁誕生」「祝再刊、八重山支庁長官良長詳」。

「画龍点睛」のコラムから

「大世帯の新支庁誕生。大家族持ちの戦時中のやり繰りつかぬ苦悩も忘れて」

「買えぬ、食えぬ、兄弟、名蔵平原《なぐらへいげん》に芋の潮干狩　芋の昼弁当位で民の腹は満たぬ」

一月二十六日㈯

主な記事　「経済部の七大方針、経済部長幾乃伸」「米供出廃止」「創設の税種及税率」「第一

回決定、一・一価格」「接収委員会生る」「日本札の認印を早く」

一月二十九日㈫

主な記事「米軍の困窮者救済糧食、衛生部にて配給開始」「其後の台湾疎開者」「青年団結成」「認印押捺締切延期」

二月二日㈯

主な記事「八重山開発に曙光。耕作条件決定さる」「新政府糾明の郡民大会騒然たる中に共和会結成」「川平《かびら》へ電信電話開通」「サイレンで時報」

「新政府にものを聴く会」から

「登野城《とのしろ》第五町内婦人会では、女性参政権附与に対する今後の行き方や巷間に流布《るふ》するデマを一掃する上から、新政府の施政方針を是非聞こうと近日中に『新政府にものを聴く会』を開くことになっている」

二月五日㈫

主な記事「沖縄は信託統治か?」「第一運輸丸の初航に際して、運輸課長・潮平寛保」「常会の徹底事項」（支庁定例部長会議の記事。徹底事項例。○日本紙幣認印は二月十五日まで延期致しましょう。○最近事実無根の（造言蜚語《ぞうげんひご》）をなす者があります、お互にいさめ合いましょう。○親のない孤児、扶養者のない老人に対してはお互隣組は常に温い心で救いの手を伸ばしましょう、等々）

「ヤエヤマ幼稚園開園」から

「空襲のために、伸びんとする若芽をちぎられていた子供の花園に再び春がおとずれた……伝統を誇る〈ヤエヤマ幼稚園〉は第二代園長に南風原英意《ほえばるえいい》氏を擁し、去る一日午前十時より園児七十六名、父兄来賓多数出席の下に入園式を挙行　眺めも清き美崎《みさき》の浜のほとりに再び開園された」

二月十一日(月)

主な記事　「新年詔書の米反響」「日本占領は十年ないし二十年」「信託統治とは」「民主主義に就いて（二）」「夜間中学開校」

二月十四日(木)

主な記事　「日本本土の世相と実情」「救貧興業民芸大会」「生徒募集、公立八重山中学校、公立八重山高等女学校」「公立八重山農学校」「南東亜も食糧逼迫《ひっぱく》」（註、東南アジアの意）

「開業のお知らせ」（広告）から

「新鮮　簡素　安易な
喫茶食堂が生れました
男も……女も……
老いも……若きも……
是非御試食を
千歳座前　元パリス
喫茶食堂　キング」

二月十七日(日)

主な記事　「信託統治に反対　民主自治決議、朝鮮独立演説会」「社会機構を変革、トルーマン大統領のメッセージ」「中国の邦人引揚四月中旬に完了（上海発）」

「叫び」から

一日食べざれば虚言《きょげん》をつく、二日食べざれば盗む、三日食べざれば殺す、という諺がある位だから何事も先ず生きての上のご分別だ。名蔵行《なぐらゆき》のトラック乗車人のスズナリも無理ならぬこと。（中略）町には一日一回の大根食の輩もあれば寒樹孤鳶《かんじゅこえん》の流浪人もある、疎開者は帰る、出稼人も氾濫する。しかも耕地は猫額大のような小さな島だ。有限の土地から供給される食糧と無限の食糧を需要すべき人間、この需給の結末はどうなるか……。（後略）」

二月二十日(火)

主な記事「町制改革に関する懇談会」「食料管理準備委員会」「登録せよ台湾行船舶」「郵便電信電話料金改正」「デモクラシー一問一答」

「雨乞い、砂あげ」から

食糧危機が日に日に窮迫《きゅうはく》をつげている今日、うち続く晴天により一滴の雨さえもなく、ことに田植えを前に全農民は心配を重ねている。石垣町農業会では農本政策に基き『雨乞い』を計画、昨十九日夕刻字《あざ》登野城《とのしろ》は天川御嶽《あまかわみたけ》にて、（中略）それぞれ砂上げをし雨乞いをなした」

二月二十三日(土)

主な記事「ソ連は大陸を支配か。東亜の見透し」「思想問題座談会」「予算案査定」「村頭制《そんとうせい》に絶対反対～与那国村民大会決議」「先ずモノだ、ナマコ工場進出」「入荷物資」

〈註・村頭制〉

「村頭制」が議論されたのは、一九四六年一月二十五日に招集された宮良支庁の初議会においてだった。「村頭制」というのは、現在ある町村を廃止して「字《あざ》」を「村」にし、村に「村頭」を置いて支庁が実質的にすべてを管理する中央集権型の政治体制である。

この「村頭制」は、祭政一致を基本思想とした長詳支庁長の持論であり、「八重山郡全体」を一つの「村落共同体」とする直接民主主義を指向したものと考えられるが、その一方では、地方自治を阻害する面を持っていたため、宮城信範議員が強い反対意見を出した。また、上間、成底、新議員等も難色を示したのだが、議会においては可決されている。

しかし、最終的にはアメリカ軍政府の反対で実施されることはなかった。

「拾得物」から

「去る十五日午前九時頃、字大川警察署西側道路に於て、特価一五〇円程度の八重山上布一反（純麻）を拾得し口頭を以って届出あり。紛失者は警務部へ届出るよう」

二月二十六日㈫

主な記事「八重山問題協議へ、ファーバー氏沖縄へ出張」「三中等学校を併合経営」「主要食料物資の調達、台湾、宮古へ部長派遣」

三月二日㈯

主な記事　「支庁より米軍政府へ報告」「農業会改組案、名称を産業会と改称」「中学校入試迫る、出題に平和色と建設色か」

「支庁告知」から

「経済部商工課では、昨一日より醤油の配給を開始した。一人当り一合五勺で値は一升十円五十銭（後略）」

三月五日㈫

主な記事　「住宅　食糧の心配御無用、教員よ各村落の温かい懐に飛び込め」「合格者発表」「種痘を受けよ」

「自動車運行」から

「従業員整備の為しばらく自動車の運行を停止していた運輸課では、昨四日より整備をおえいよいよ運行を開始した。

▽白保《しらほ》行（八時、十三時、十七時発）

▽名蔵行《なぐら》（八時、十七時発）
▽川良山行《かわらやま》（五日、十五日、二十日九時発）
▽観音堂行《かんのんどう》（当分中止）

三月八日㈮

主な記事　「町村農業会は絶対存置、内部運営の刷新を望む」「三月常会周知徹底事項」（例○目下台湾に於て天然痘の流行の知らせがあります。速《すみやか》に種痘を受けましょう　○麻の栽培を致しましょう、衣類の自給を計るために　○軍払下物資及軍に関係あったものを郡外に持出すことは米軍の命により禁止になりました。闇商人が多数入込んで右の物資を購入して台湾に持出す様ですから充分注意を要します　○お互に自分の物は自分で気をつけ盗難にあわぬ様注意しましょう等々）。

「投書」から

「小店商人を早急に抑制せよ。筍の如く軒並にあの繁昌振りを見られよ。

我等が米を高く買い、芋を高く買って食っている実情をご存知でしょうか。彼等は、実に不労所得者です。『作らざるものは食うべからず』の方針を樹立し、増産日等を制定し、其の日は休業させ増産に出動さす等、考慮されたし（後略）」

三月十一日(月)

主な記事　「渋沢蔵相のインフレ対策」「特別営業税賦課」「不発弾に注意」

「食糧調査」から

「『食糧管理委員会』では、去る八日晩入港、第四桟橋にて、いもを自由販売している事情を聞きつけ、当該商人と交渉の結果、残りのいも五百斤を手に入れ、直ちに事務所に運搬確保。早速町内の困窮者に配給した模様である。

尚議会で行った食糧現品調査に依ると、郡下における支庁保管食料品は、白米三〇袋、玄米十九袋、麦三九袋、大豆三千三百斤、■四千斤、乾ウドン八〇束入十四箱、小麦粉二斗入五六袋、コウリャン二五斤であるが、これは去る八日迄の調査であって未調査の品もあり、今後も行なわれる筈であるが、商工課と交衝近く配給することになっている」

三月十四日(木)

主な記事　「諸物資配給」「食管委員の演劇大会」「農学校二次募集」

「預金者救済、金融円滑、八重山銀行着々準備」から

「去る十一日の食料管理委員による芋配給に於いても、或は町農業会を通じ配給される諸物資でも、一般郡民の購買力はとみに減退した。

唯、敗戦成金、どさくさブローカーのみが底知れぬ力を持っている。
生産なく収入なく、収入あっても高物価では購買力の劣えるのは勿論であり、ここに必然的に金融機関の活発なる運営が期待されていたが、真栄田《まえだ》八重山銀行総裁は、株式組織による八重山銀行設立か、資本に代るべき預金が必要であるとの二観点から、ストップ解消の歎願書をファーバー中佐へ提出し、金融の円滑、かつ活溌なる運営を計画中である」

「広告」から
「ミシン販売
シンガーミシン
国産ミシン各種取次販売
ミシン部品
石垣町字石垣二七九番地
崎山洋裁所
崎山芳子」

三月十七日(日)
主な記事 「再建への気概旺盛、沖縄本島各面の近況」「郡立病院設立 衛生部で企画」「婦人問題座談会」

三月二十日(水)

主な記事「憲法改正草案完成、平和と人権解放宣言」「米ソ戦は不可能、スターリン首相の言明」「折衝遂に花咲く、軍政府より食糧入荷」(米船七二五号により、米三千袋、大豆七五〇袋、砂糖一二二〇袋、缶ミルク二五八箱、缶詰四七箱が供与された)

「アルコールで死亡」から

「大浜村字宮良の高良満慶さんは去る十一日、田植をすまし疲れなおしとアルコールを飲み、帰宅の後死亡した」(註、メチル中毒)

三月二十二日(土)

主な記事「対日講和条約、一年半以内に論結」「米国海軍軍政府特別布告第六号、南西諸島及其近海の居住民に告ぐ」(註、エリヨット・バクマスク海軍少将が、ジョン・デイル・プライス少将と交替したという内容)「ファーバー中佐一行へ謝恩演芸会」(註、多量の食糧を供与してくれたファーバー中佐に感謝するため郷土舞踊の演芸会を催し、感謝の意を表わしたという内容)

「今後は全てラブネス氏へはかれ、ファーバー中佐伝達諸事項」から

「去る二十日、ファーバー中佐は上陸後支庁に歴て次の事項を伝達した。

○軍政府で種々変ったから布告文を見て種々協議しましょう。

○先島群島《さきしまぐんとう》は沖縄一円とす。

○こちらの隊長はラブネス氏、種々の事件はこの人に計れ。

○宮古はニコオス氏がみることになっている。

○ベエチャー氏が衛生部方面を見ることになっている。

○種々の機械類はマーコービーツ氏がみてくれる。現在は軍の仕事が忙しいから暇の時巡回して世話を見る。

○測候所は全然関係ない。

○軍政府の命令はすべての人に周知せしめよ。

○あらゆる事件はラブネス氏に相談せよ。

○命令は上から段々に来ている。

○生活は戦前のように幸福にして上げたい。

○役職員の任免の件の相談は軍政代行官と共にやれ。

○沖縄に帰属したのだから、今迄とは種々変って行くかも知れない（註、これは誤り。この時点で南部琉球は沖縄に帰属していない）

○町村廃止は軍政府が認めない。何故ならば沖縄を一円として一つの軍政府にしたいからだ。

沖縄本島では、町村は前の通りにしてある。しかしてもとの町村を厳重に監督せよ。

○社会事業方面は、なるべく見やすいように記録統計を作って下さい。

○経済状況が好転せば、商売も自由にさせたい。

○次回にも食糧をもって来る。

○金を持っているものには、配給物は有償で、貧乏者には金を取らずに配給せよ。元気な者には代償として労役をさせよ。

○配給ものは町村と連絡をとってやれ（老人、病人、孤児をも調べよ）。

○自給自足の体制を早く立てなさい。

○軍政府の許可あれば本島へいくらでも物資を買いに行ける。

○物の決済値は、軍政府の許可がなければ出来ぬ。

○琉球一円諸島の通貨は同一なものを使う。

○外来者は三百円ぐらい渡して、後は郵便局に預入させよ。

○こちらの物価は高い、物価を沖縄一円統一したい。物価を下げたい。

○責任のある軍政官がいなかったから、今日迄南西諸島を混乱にしたのだ（詫びる）。

○ファーバー中佐は日本語を知らないが、幸いにラブレス氏は知っているから、君たちも不審な点、相談事は簡単に言いなさい。
○命令は、軽重《けいちょう》の如何《いかん》を問わず遵守《じゅんしゅ》するようにしなさい。
○帰還者は、船名船籍人員等を即日報告せよ。
○あらゆる事件は、その大小を問わずすぐ報告するように。

この南部琉球軍政府軍政官ファーバー中佐の伝達事項の中で注目して置きたいことが一つある。

それは「先島群島《さきしまぐんとう》は沖縄一円とす」という発言と「沖縄に帰属したのだから……」という発言だが、これは誤りである。

そもそも、こういった発言が出て来た背景には、一九四六年一月十五日に出された声明「南北琉球の行政問題」と、一九四六年一月十九日付で出された「連合国の日本占領の基本目的と連合国軍によるその達成の方法に関するマッカーサー元帥の管下部隊宛訓令」及び、一月二十九日付の「覚書」にある。

まず、「南北琉球の行政問題」の内容は、沖縄本島（北部琉球）と宮古、八重山群島爾部琉球を分轄統治するという「琉球列島分轄統治案」であった。

そして、「マッカーサー元帥の管下部隊宛訓令」の内容は、「日本の主権が及ぶ範囲は、日本本土四島と対馬諸島を含む隣接諸島に限定される」というものであった。

さらに、それを明確にしたのが、一月二十九日付で出された「若干の外廓地域を政治上、行政上日本から分離する覚書」であり、その内容は、北緯三〇度以南の琉球を日本から分離するというものである。
日本からの琉球の分轄統治決定後、アメリカ軍政府は、琉球列島分轄を検討していたのだが、二月十三日付で、「南北琉球の分轄統治」を決定したのだった。従って、三月二十日に八重山に来たファーバー中佐が、この事実を知らないわけがない。
ファーバー中佐が、このような発言をした背景には、「琉球の分轄統治」に関する不安、「南部琉球の沖縄からの分離」に関する不安が、八重山郡民の間にたかまっていたからに他ならない。
琉球の信託統治に関するニュースが報じられたのは、二月五日のことであったが、その直後、与那国住民代表が、チェース少佐に次のような質問をしている。
与「我々はアメリカ人なりや」
米「ノー」
与「しからば我々は何人なりや」
米「琉球人なり」
与「琉球は独立可能なりや」
米「ノー」「しかし、日本は南西諸島を統治する実力なし」

与「しからば支那《しな》へか？」

米「ノー、支那へやればいじめられる、やれぬ」

この象徴的な会話を見ても判るように、宮古、八重山諸島、つまり南部琉球郡民（もちろん、沖縄本島の人々も同じだが……）の中には、「自分たちはどこに帰属するのだろうか？」という不安感が横溢していたのである。

自分たちの知らない所で、力の及ばない所で、自分たちの帰属が勝手に決められて行くということは、人間のアイデンティティーを根底から左右することに違いないのだから、その不安がどれほど大きなものだったかは容易に推察できるだろう。

ファーバー中佐が、不用意に（としか私には思えない）もらした言葉の背景には、八重山住民が歴史的に持ち続けていた不確かな帰属意識というものがあった。

もちろん、ファーバー中佐が、八重山住民の歴史的危機感を理解していたとは思えないが、「我々は、何人なりや」という一言は、私の胸に突き刺さり、生涯抜き取ることはできない。「八重山共和国」が、わずか二十三歳の青年の心に起想されたのは、正しく「我々は何人なりや」という言葉に由来しているからである。

（南部琉球の沖縄からの分轄統治は、一九五二年、琉球政府ができるまで六年間続いたのであった。）

第十章　地方紙「海南時報」（二）

その存在の形態を変えざるを得なかったとしても、「八重山共和国」が実質的に存続した期間、八重山でどのような事が起こり、どのような事が考えられ、実行されたのか？　そして、どのように混乱を終息させ、荒れ果ててしまった人々の心に、未来に向けてのヴィジョンを喚起させて行ったのか？　私は、「海南時報」の記事を追うことでもう少し理解を深めたいと思う。

それと同時に、その「国家」の「国民」である人々の反応も見ておきたいし、宮良長詳を支庁長とする「八重山支庁」＝「八重山共和国」を崩壊に導いた水面下での動きを明らかにする事によって、「八重山共和国」が引き受けざるを得なかった悲運を考えてみたいと思う。

三月二十六日㈫

主な記事　「自由主義教育の憲章、新しき詔勅かん発を文相奉請」「在満人の送還」「蘇鉄《そてつ》の毒素と食用製法」「『労働は神聖なり』青年よ建設へ尽力せよ」

「新しい教科書生る、軍政府」から

「沖縄本島軍政府文教部では、軍政がしかれると共に、学校教育面にも多大の改革を加え、第一に国家主義的軍国主義的な、その他日本の喧伝に関する事や日本民族を以って世界に優秀な民族と称する等の思想をもつ教科書を一掃し、今度《このた》び新しい教科書を編纂し、去る十九日の便でファーバー中佐一行により支庁文化部へ運ばれた。

未だ解装はされていないが、初等学校用としては、読本、数の本、郷土史、体錬《たいれん》の本が来て居り、ハイスクール用としては英語の本のみが到着している。その片鱗をちよっと覗けば、体錬科の如きは、その目的として身体を訓練し、精神を錬磨して闊達剛健《かったつごうけん》なる心身を成育し、人類貢献の実践力を培うこととされており『学校』『お馬』『春の小川』『故里』『荒城の月』『汽車』『機械』『飛行機』等の音楽曲科目がある」

三月二十九日㈮

主な記事　「米日教育会議、京都で討議」「登野城に天然痘」「共に八重山再建へ、ファーバー中佐一行へ謝恩会」

「ラブレス中尉挨拶、要旨」から

「十日ぐらい前に、始めて石垣に来ました。まだ暫くですけれども、もはや此処に来た事を喜んでおります。

今のところは、沖縄にはこう言う様な大きい町はありません。沖縄の戦争の損は大へんな事でした。大抵は残っていません。昔からの沖縄の王様の都の首里は、今、人の思い出だけに生きて居ります。今、那覇の町は輪廓が少し残っているだけです。

そんな出来事を考えて、本当に悲劇的ですが、怎《ど》うするかと思って、今、琉球の一番むずかしい時ですから、全部が協力一致、全力を出して琉球の嬉しい将来を何でも作ると言う決心をする事は必要であると私は思います。私は、此処に来て一定の明確な任務と大きい責任があります。それは八重山郡の人の将来福利増進せしめる為の任務と責任であります。（後略）」

このラブレス中尉という軍政官は、五、六ヵ国語を話し、日本の標準語も沖縄本島の言葉も話せるという語学能力を持った人で、ピアノを弾いたり土地土地の風俗、文化にも多大な興味を抱くといった学者タイプの人間だったらしい。

結婚式があると聴けば出かけて行き、演芸会があるというと見物に行くという具合で、それだけを見ると、その土地になじもうとする意欲を感じさせて好感が持てそうなのだが、軍政官としての彼は、住民の気持を汲み入れたり便宜を計ったりということは全くなく、支配者としての強固な意識しかなかった。

彼が、沖縄本島辺土名《へどな》の軍政官をしていたころ、配給物資の衣料の数が足りなくて住民に公平に行き渡らない事態があったのだが、その時、彼は上着やズボンを真中から切って半分ずつにし、数を合せて地域住民に配ったりしている。

また、八重山に天然痘が発生した時、支庁は、学校を休校にしたのだが、休校している間の教師の給与は日割りにして減算すべきだと主張してみたり、日本軍の飛行機の残骸からジュラルミンをはがして鍋や釜といった生活必需品を造っている者を見つけて、「八重山支庁は、アメリカ軍の戦利品を盗むのを見逃している」といって、支庁長にクレイムをつけたりと、その偏屈ぶりでも有名だった。

このように厳格？　なラブレス中尉だったが、大堂安清《おうどうあんせい》の結婚式の時、手伝いに来ていた「共和会」派のメンバーの娘、Z子を見染めて、自分の秘書にするという口実で現地妻にしたりもしている。これは、八重山の人たちから随分反感をかったようだ。

四月二日㈫

主な記事　「総ては戦争前の幸福へ、郡民の協力を希望す。ファーバー中佐挨拶要旨」「終戦第一年の教員配置」

「八重山区裁判所復活」から

「八重山区裁判所は、今より四十八年前の明治三十二年に設置十四年継続し、大正二年に廃止され、その後八重山出張所平良《たいら》区裁判所となり、今迄出張所であるだけに、全てに不便を感じ、復活についても度々運動がなされたが、復活を見ずして今日に至った。今度米軍政府により島裁判所が復活されたことは一般にとって快報とも言うべきであるが、三月二十日付を以って松島朝永氏が判事に任命爾後《じご》就務することになった（後略）」

四月八日(月)

主な記事「米軍政府の低物価政策、紙幣両替と手持制限」「食糧品配給は諸調査後、各人は黙々生産に励め」「町村会議員そのまま継続」

四月十一日(木)

「衆議院議員選挙を前に、各政党の候補者」「貸付地は早急に着手せよ」「偏狭思想を去り人類愛へ、建設に積極進取の気魂養成、新教科書編纂方針」

「芋泥棒に懲役二ヵ年」から

「石垣町字登野城喜舎場《きしゃば》英親《えいしん》（三〇）は、犯意[redacted]して一九四五年十月三日頃より、一九四六年一月八日頃迄の間七回に亘り、八重山郡石垣町字登野城、通称上原甘藷畑ほか六ヵ所に於て喜友名《きゆな》盛孝《もりたか》ほか六名所有の現金六円ほか甘藷十二斤、食糧衣類等十九点、合計金額四百五拾九円十銭を窃取しものとして、去る二日公判開廷、松島判事により懲役二ヵ年の判決を言い渡された（後略）」

四月十四日(日)

主な記事　「対日平和会議本年末開催、フレーザー首相談」「軍計画道路、所有者へ還附」「体位向上明朗生活を目指して、郡体育協会誕生」

「広告」より

「持ちよい
読みよい
わかりよい
一年生の英語
（百二十頁、定価三十円）
宮良昌英

糸洲長武　共著

目下発売中
発行所　石垣国吉精米所裏
宮良昌英」

四月二十日㈯

主な記事「欧米における婦人参政の歴史と現状」「軍票問答」

四月二十三日㈫

主な記事「いよいよ蔓延する天然痘、防疫陣を強化せよ」「本土との電信電話開通」「メチル中毒で学区長逝く」

「ファーバー中佐本部へ、後任はニコラス大尉」から

「去る二十日のファーバー中佐よりリラブレス中尉への報告によれば、ファーバー中佐は今度、宮古、八重山の軍政長官より南西諸島軍政本部付として転属を命ぜられ、南西諸島軍政副長官シー・アイ・ムーレ海兵大佐の指揮下に入ることとなった。

ファーバー中佐は、南琉球軍政官任命以来、八重山問題解決のため、空路で訪ずれたこと再

三再四。その都度解決の策を講じ、しかも食糧難打解策としての食糧輸入方ならびに極度に悪化した経済の手直し手術たる低物価政策、軍票切替等の賢策を施行。その成果を見ずして転属とはいささか後髪引かるるの思い切なるものがあろう。円熟境の人らしく温顔をもって、我々に面接した好々爺は、再び我々の眼前に現われることはないかも知れないが、棺をおおうて人の尊さを知ると言うが如く、惜しまれる人物である。（後略）」

四月二十六日㈮

主な記事「制限外預貯金払出は、支庁総務部経由申請で」「巡査募集、若者に期待」「慈雨を天神に祈願」「校舎復旧委員会」

四月二十九日㈰

主な記事「幣原内閣総辞職」「オリンピック倫敦《ロンドン》で開催」「続々帰る引揚民」

「新円生活へ民の声」から

「▼新円生活が成立つかどうかの問題は、物価が旧円のインフレ時代より、生産の裏づけにより下落するかどうかに懸《かか》っていると思います。もし実際に下らなかったら、私共の生活は駄目になります。

▼現在、私の家族は十名ですが、三度芋食にしても一日で三十斤、百五十円はすぐ飛び去ります。某職にある夫のサラリーと家族十人分の千百円の払出の新円生活では、とても生産に働けど働けど、そのつぐないができないと思います。日夜、主婦の頭を痛めます。これが、家庭経済の真相なのです。（一女性）」

五月二日（木）

主な記事「官民一体、理想郷建設へ八重山郡振興会誕生」「八重山政府出版局誕生」「公定価格決る」

「公定価格に就き、ラブレス中尉談」から

「ラブレス中尉は、昨一日、公定価格決定後、次の通り感想を語った。
○物価を下げるのに、みんな協力しなければならない。
○今の状態を見ると、過去には困ったが、将来には困らぬようになる。公定価格で、なるべく少く物を買って、食糧などの物資を生産すれば、物価は自然に下ります。物価が上がると全部一緒に困ります。自分のため、社会のため物価を下げるようにして下さい。公定価格外にて売買をなす者は、軍事法廷にて処罰します。」

このラブレス中尉の現地妻Z子の父は、柴田米三、牧志宗得などの「共和会」派の人間だった。

Z子という女性の人間性に関しては、何ひとつ判っていないので、ここでZ子の何かを語ることはできないのだが、いかに戦勝国の軍政官の申し出だったとしても、易々諾々とその申し出に沿うというのは、一般的な若い娘の感情としても、保守的な八重山の人間の感情という面から見ても何か納得の行かないものが残り、Z子がラブレスの現地妻となった裏に周囲の人間たちの何らかの思惑が動いた気配を感じさせる。

その思惑が何であったか、明言はできないけれど、このZ子の口を通して、現支庁政治に対する中傷、とり分け、宮良長義をはじめとする支庁幹部のあらゆる面の情報がラブレスの耳に届けられたことは、かなりの確度をもって言えるだろう。

事実、宮良長義は、私のインタビューに答えている中で、

「(ラブレスは) Z子を通して支庁に対する悪口や、我々に関する細かなことまで聴いておったでしょうな。

はじめのうちは、ラブレスともうまく行っておったが、途中から険悪になってしまい、対立が続きおったし……そのころから私も反米感情を持つようになって行ったし……。結局は、あいう形で私もやられてしまったわけですから……」

「私もやられてしまった……」という言葉は、明らかに「メーデー事件」をはじめとする、

アメリカ軍政府と八重山保守派の弾圧をさしている。

この「メーデー事件」というものが何であったのか、そのアウトラインを言えば次のようなことになる。

宮良長詳が、八重山支庁長を辞任した時、宮良長義をはじめ、支庁幹部も辞任したのだったが、辞任後、宮良長義は、当時「自由学園」と呼ばれていた青年たちの学習会の講師になっている。

この学習会は、民主主義や世界的な視野を広めることを目的として、自主的に運営されているものだった。その講師として（註、無償）、宮良長義が「民主主義思想」を通して八重山の民主化ということを話し、大浜孫良《おおはまそんりょう》が「英語」を教えた。

長義は、支庁を辞職した後、農業をしたり港湾労働者として働き、生活を守っていた。

また大浜孫良は、長祥の後支庁長におさまった吉野高善支庁長の支庁職員として働いていたのだが、吉野高善の政治に反発を感じて支庁職員を辞め、長義と同じく港湾労働者として働いていたのだった。

二人とも「八重山の民主化のため勤労青年たちの啓蒙」に貢献しようという情熱で結ばれ、学習会の講師も引き受けていたのである。

戦後、台湾や本土から引き揚げて来て、定職を持てなかった多くの青年労働者たちと一緒に港湾荷役をやっていた二人は、吉野支庁から支払われる賃金の低さ、そして、一週間も遅れる支払い等の実態を識って「仲仕組合」の必要を感じたのだった。

その底には、もちろん吉野支庁政治に対する痛烈な批判があったと思われる。そして、その批判の中身は、

「吉野支庁長は、アメリカ軍政府のロボットである」「一部の資本家たちの都合のいいように運営している」「島外へ出る者の許可に差別をつけている」等といったことに代表されるだろう。

このような批判精神と、実質的に困っている労働者の気持が一つになって、一九四七年三月十五日「八重山沖仲仕組合」が結成されたのであった。

結成大会当日「石垣会館」に集まった労働者約一五〇人によって宮良長義組合長、大浜孫良副組合長が選出され、

「我等は、真に民主的方法による八重山郡労働者の幸福を図り、住みよい働き甲斐のある社会の建設に前進す。我等は、専制独裁政治を排撃し、人間性の尊重に基礎をおく民主政府の樹立に前進す」

という決議を採択した。

そして四月六日、労働組合は、

「八重山民政府の人事行政における、官僚的、天降り的情実人事を排し、個人の人格を尊重する民主主義的明朗人事を要望する。郡民の幸福のため、平和的、民主的方法による民主革命

のため全郡的に闘争する」

というアピールを出すと共に、

「小作料の低減、労働者の賃上げ、医療費の適正化」

等の解決を計るため、宮良高司を会長とする「農民組合連合会」や各字青年層にも呼びかけてメーデー実施を決定したのだった。

メーデーのスローガンは、
一、「働く農民に土地を」 二、「耕作権の確立」 三、「小作料をまけろ」 四、「農業会は農民の手に」 五、「賃金を上げろ」 六、「引き揚げ者を即時救え」 七、「労働者、農民万歳」 八、「民主改革万歳」
であった。

これを受けて、

「婦人に参政権を与えよ」「税金を安くせよ」「土地を農民に返せ」「小作料は三分の一に」「労働時間を八時間にせよ」「日本に帰せ」「軍国主義絶対反対」

というスローガンをかかげたポスターを張り出して八重山住民にメーデーへの参加を呼びかけたのだった。

こういった一連の動きに警戒心を抱いていた吉野支庁長は、アメリカ軍政府に指示を仰いでいたのだが、四月二十八日、アメリカ軍政府からの回答を貰って、労働組合代表宮良長義、大浜孫良、農民組合代表宮良高司、宮城光雄を知事室に呼び話し合いを持った。

この席上、何がどう話されたのかその詳細に関する記録は残っていないが、メーデー祝賀会に関する支庁側の指示が伝えられたと思われる。

しかし、最終的には、「合法的にメーデー祝賀会を行なうということで合意ができた」と長義は話している。

この二日後の四月三十日、宮良長義と大浜孫良の二人は、警察署長から呼び出しを受け、警察署に向かったところ、三十人ほどのアメリカ兵が銃を手にして待ち構えていて、その場で検挙されてしまったのである。

逮捕の理由は、「米国海軍布告第二号戦時刑法違反」ということであり、宮良長義はその第二条第二十四項違反。大浜孫良は、第二十五項、二十七項違反ということであった。

ちなみに、第二十四項は、

「我軍政府、米国又はその連合国に敵意を含み、有害不当なる印刷物及び文書を刊行、又は配布する者、或は刊行配布せしむる者、又は刊行配布せんがためにその物を所持する者」

第二十五項は、

「我が軍政府又は、その連合国政府に敵意を含み、有害不当なる又は敵に有利なる言辞を弄《ろう》する者」

第二十七項は、

「大衆を煽動し、又は驚愕するため無根の風説を言辞又は書類を以て伝播する者」となっている。

二人は、この戦時刑法違反者としてそのまま留置されて軍事裁判にかけられることになった。

ラブレスが検事となって開かれたこの裁判が、いかに正当性を持たないものであったか、詳しく触れる余裕はないが、一言で言ってしまえば「暗黒裁判」というしかない。

判決の結果、宮良長義、大浜孫良は、一九四七年五月一日より向う六ヵ月八重山刑務所に収監され重労働に服することになった。

出所後も長義に対するアメリカ軍からの弾圧は続き、農業会長へ当選した時も、教育委員に当選した時もアメリカ軍の介入によって辞職に追い込まれている。


宮良長詳支庁長辞任は、十月のことだったが、それまでの期間、八重山がどういう情況であったか、「海南時報」よりいくつかの記事を転載しておきたい。

日本の南の果て沖縄、そのまた南のはずれに位置する八重山。戦後の混乱の中、豊川善亮、宮城光雄の二人の青年の心の中に描かれた、「人民のための国家」。それがどのようなものであったか？　そして、それはどのように人々の心に映写されていたのか？　それを知る手だてがほとんど残されていない今、新聞記事をたんねんに読んで当時の情況を想像する以外手だてがない。

六月八日(木)

「内外短信」から

「サンフランシスコ六日発

極東委員会では、天皇今後の存続問題については、しばらく見合していたが、今度この問題と憲法改正問題との二つを更に研究することを満場一致で決定した」

「重慶六日発

中国政府では、日本は、中国との長期間戦争をなした。従ってその被害も多い故、日本に対する賠償を多く求めるのは勿論であるとして、米大統領個人代表ポーレー大使が到着次第協議する予定である」

六月十一日(火)

「朗報」から

「与那国より芋三万斤入荷

お互兄弟の苦しみを助け合いましょうと、与那国では、村長を始め農業会、官民一体となって芋の集荷に大童。
この同胞愛の涙ぐましい程の力■振りを目のあたりに見て帰った宮良《みやら》寛好《かんこう》氏は、感激の薄れぬ間にと本社へかけつけ、与那国に捗る状況を彷彿《ほうふつ》させながら、我々町民は、それに満腔《まんこう》の謝意を表すべきだと語った。
今度三隻の船に依って入荷された二万八千斤の芋は、近く食糧難に困り果てている人々に配給されるであろう」

六月十四日(金)

「衣類やがて配給」から

「沖縄災民を救済しようとの温い心からハワイ救世軍連盟では、沖縄本島に衣類を送って来たが、我が八重山にも過日運搬された。目下商工課では、女学校、農学校全協力の下に大人用、婦人用、子供用と部分けをしている。それが済み次第学校を通し、或は隣組を通し配給になるはずである」

七月十七日(水)

「海軍より陸軍へ軍政府移管さる。七月一日荘厳裡に移管式挙行」

八月二日(金)

「A級戦犯者二十八名、侵略戦誘発で起訴」から

「極東国際軍事法廷第一回集団裁判に診る被告。東條英機以下二十八名に対する起訴状は四月二十九日、連合国軍事最高司令部当局から発表された。

今回起訴された戦犯容疑者は、主として太平洋戦争開始時における東條内閣閣僚および満州事変以来軍閥の中枢にあって、満州事変、支那事変、太平洋戦争の三侵略戦争を計画指導した、いわゆる戦争責任者である。

被告氏名は次の通り。土肥原賢、広田弘毅、板垣征四郎、木村兵太郎、松井石根、武藤章、東条英機、以上七名は、絞首刑。荒木貞夫、畑俊六、平沼騏一郎、星野直樹、加賀屋興宣、木戸幸一、小磯国昭、南次郎、岡敬純、大島浩、佐藤賢了、島田繁太郎、白鳥敏夫、鈴木貞一、梅津美治郎、以上十六名は、終身禁錮刑。東郷茂徳は、禁錮二十年。重光葵は、禁錮七年。尚、大川周明は、精神障害により免訴。松岡洋右と長野修身は、公判中病死」

九月二日(日)

「理髪屋休業」から

「去る二十八日、理髪組合代表は現在の料金では、営業を継続できませんからと、支庁に陳

情したが施す術なく、結局町内理髪屋は思い思いに店を閉めた（後略）」

十月八日㈫

「今後は『日本国』と呼称。金森国務大臣言明」から

「衆議院憲法委員会において、自由党神田博氏の質問「『日本国』の名称を採った理由」に対し金森国務相は次のように答えた。

日本の正しい歴史として、日本書紀にこの名称がある。

以来日本国という言葉を含みつつ、これに『大』の字なり『帝』の字なりを加えて呼んできている。読み方も『ニホン』、『ニッポン』が併存している。

日本をさし示す言葉としては、その時々の事情を考慮に入れて決すべきで、現行憲法は標題では『大日本帝国』としているが、条文では自由自在な使い方をしている。日本が今後、平和の裡に国際間に伍して行くには、国名をさし示すにも用意が必要であり、新憲法には『日本国』という使い方をしているが、国の名を変えたというような意味はない。然し、今後はこれが中心的な呼び方として正式な文章や文書に用いられるであろう」

「八重山支庁」発足の直後から、およそ十ヵ月間にわたる「海南時報」を通読し、私は様々な感慨にとらわれている。

イギリスの威信を回復するために必要以上の空襲を受け、沖縄の他の島をはじめ、日本、台湾、大陸との交通を途絶されて孤立を余儀なくされた八重山。

そしてまた、日本軍の意味ない避難命令によってマラリアの大禍を受けなければならなかった八重山。

その壊滅状態の中から真摯な志が生まれ、それは新八重山の建設へ向かって行った。十ヵ月間の内に成し得たことが、「どれほどのものか？」。それについて私はどのような評価も下せない。

ただ、「成さん」と思いつつ、「成しとげられなかった」ことの方がはるかに多かったのだろうと思うだけだ。

一九四六年十月二十日、宮良長詳支庁長は南西諸島軍政官マッカラム中佐に宛てた辞表をラブレス中尉に提出した。

「先島軍政官

マックハラム殿

八重山支庁長宮良長詳

私は、ラブレス氏との会話により、現職を辞したい思いますからお許し下さるよう御願い申し上げます」

十ヵ月前、

「君が総務部長を引き受けてくれなければ私も支庁長は引き受けられない」

と懇請されて総務部長になった宮良長義も、その他の八重山支庁幹部たちも誰一人として辞任の件は知らされていなかったという。正しく青天の霹靂とも言うべき辞任だった。

確かに、事情を把握していない一般の人たちにとって、この辞任は唐突な辞任と映ったかもしれないが、宮良長詳が辞任に至る素地はラブレスが軍政官として八重山に赴任した時からできていたとも言える。

ラブレスは、アメリカ軍政府最初の八重山駐在軍政官であり、一九四六年三月十九日に着任している。そして、その年の七月十七日、アメリカ軍政府が海軍から陸軍へ替ったことで彼は八重山駐在軍政官を離れ八重山を去ったのだが、引き続き南部琉球軍政府に勤務することになって、宮古島に駐在した。

ラブレスは、五ヵ月間しか八重山に駐在しなかったのだが、その間にZ子を現地妻とし、彼女の口から「共和会」派の意見を多く聴き入れるようになって行ったのだった。

また、彼が極めて偏った人格の持ち主であったことと、共産主義に対して非常な警戒心を持っていたこともあって、これらが長詳を辞任に追い込んだ大きな要因になったのかもしれない。

ラブレスが反共主義者だったのかどうかは判然としないし、長祥をはじめとする八重山支庁幹部のすべてが共産主義者だったというわけでもないのだが、支庁の施政に何か問題を感じると、すぐに部長会を招集して、各人の考え方をただした。成り行きで討論になって意見が対立したまま、自分が窮地に立つと、「君の哲学はどんなものなのだ？」と必ず追求したそうである。

桃原用永は、この言葉をさして、

「彼の言いたかったことは『イデオロギー』、つまり『共産思想ではないのか？』という意味ではなかったのか？」

と著書の中で推量している。

もちろん、桃原用永の推量だけを以って、ラブレスが反共主義者だったとは言えないだろうが、アメリカ人が「フィロソフィー」という言葉を使う時、「考え方」「思想」という意味を含める場合が多いのは事実だから、桃原用永の推量が全く的をはずれているとは言えないと思う。

このラブレスが、一九四六年十月、南部琉球軍政府専任軍政官マッカラム陸軍中佐に随行して八重山を再訪した時、宮良支庁長に対して、支庁長の乗用車を旧所有者である牧志宗得に返すよう命令を出した。

しかし、この車は、アメリカ軍の指示に沿って八重山支庁が接収し、接収委員会の議決を経たものであり、その上、全住民のために使用するという目的を持っていたので、宮良長詳は、

「正式な手続きを経て接収したものだから返還することはできない」

と言って命令に従わなかった。

そのため、十月十九日ラブレスは支庁を訪れ、支庁長室に宮良長詳を呼んで、自動車返還問題をはじめ、宮良支庁政治の施策のいくつかについて非難を浴びせた。

二人の議論は延々と続き、最終的にラブレスが腹を立てて、

「君は私を何と思っているのか！」

という支配者意識をかさに着た言葉を投げつけたのだった。それに対し宮良長詳は、

「あなたはアメリカのサーバントだ！」

と言い返したと伝えられている。

結局、これが原因となって、宮良長詳は辞任届けを提出することになったのだが、この背景には、柴田米三、牧志宗得を中心とする「共和会」派の策動、自分たちさえよければいいという一握りの資本家たちのエゴイズム、ラブレスとの日常的な対立、そしてアメリカ軍政府の占領政策の変更というものがあった。

ラブレスが、宮良支庁政治に反対の立場をとり続けたのが、彼の「哲学」に由来するものか、Z子との寝物語に由来するものか、あるいは、反共を明確に打ち出したアメリカ合衆国の

政策に由来するものか？　四十年を経た今では、確認のとりようもないのだが、直接的には、このラブレスと宮良長詳との決裂によって、「八重山共和国」の理念を内に含み、その完成を目指し努力を続けた「人民による人民のための人民の国家」は、その完成を見ることなく、わずか十一ヵ月で崩壊したのだった。

終章

十月二十日、宮良長詳辞任の翌日。長詳は午前九時、支庁会議室に全職員を集めて辞表提出に至る経緯《いきさつ》を報告すると共に、

「職員は軽挙に出でず、新しく選ばれた支庁長に対しても前と同様忠実につかえて貰いたい」

と語った。

支庁長の話の後、総務部長宮良長義が、

「我々は、支庁長と共に責を感じ辞職するものである。政治が厳粛であるだけに、去るべき時は去るのだ」

と六部長辞任の理由を述べた。

解散後、庶務、税務、商工等十課長も辞表を提出し、一般職員を含めて三十一人が辞表を提出したのであった。

三十一人という支庁職員が、宮良長詳辞任と共に連帯辞職したというのは、ラブレス個人に対する反感というものもあったにちがいない。

ラブレスへの最大の反感は、戦勝国民の支配者意識をむき出しにした態度である。

その一つの例としては、ラブレスが支配者の権力をかさに着て現地妻をめしあげたことがあげられるだろう。

ラブレスは、執務中も現地妻であるZ子をジープに乗せて走りまわることがよくあったし、「敗戦国民は、支配者に服従すべきだ」と言ったりしていたそうだから、支庁職員だけでなく、八重山の一般住民からもよく思われなかったのは当然のことだと言える。

事実、アメリカ軍政官が八重山で現地妻を持ったのは、ラブレスにはじまりラブレスに終っている。

また、支庁が郡民全体の生活改善、向上、八重山再建のために行なった数々の施策にラブレスが干渉し続けたことに対する反感というものも当然あった。

そして、その干渉がZ子の口を通して得た情報、つまり「共和会」派からの情報によるものだと思われたのでその反感は一層強められたといってよい。

「共和会」派にとって、八重山支庁の政治は、彼等の利潤追求と支配欲を断つものが多かった。

例えば、「紙幣認印制度」「公定価格の設定」「接収委員会の設置」「官営事業の展開」。このどれをとっても資本家には大きな打撃となる。

「紙幣認印制度」によって、闇貿易は不可能になったし、「公定価格の設定」によって、極端に物資が欠乏していた八重山で、横暴に利益をあげられたはずのものが押さえられてしまったし、「接収委員会の設置」「官営事業の展開」によって、営利事業を興すことが困難になってしまった。

これらの施策は、もちろんアメリカ軍政府も認めていたことだが、「共和会」派は、支庁政治の欠陥あるいは支庁幹部の個人的情報をZ子の口からラブレスに吹き込み、そういったことがラブレスを大きく左右して、あらゆる干渉へつながっていったということを多くの人は識っていたし、八重山支庁職員は苦々しく思っていたのだから連帯辞職というのは当然の帰結と言えるだろう。

しかし、ラブレスの方は、この連帯辞職をアメリカ軍政府に対するストライキだと独断し、全員の氏名を公表して、「公職追放令」を発令しようとしたのである。

この話を聞いた崎山信邦が、「三十一人が辞職したのは、新支庁が新しい政治を行なうにあたって、新体制をしきやすくするためのことであって他意はないのだ」と説得したことで、危うく「公職追放令」は回避されたのだった。

しかし、これこそ支配者意識をかさに着た専横そのものを表わしているとしか言いようがない。

こういった支配者の専横は枚挙にいとまがないが、新支庁長を選挙によってではなく任命によって一方的に押しつけた例は象徴的だと言える。

八重山にアメリカ軍政府がしかれた一九四五年十二月二十三日、アメリカ海軍軍政官チェース少佐が宮良長義に渡した「米国海軍政府、沖縄府民権及び行政府各官庁権限」には、言論、出版、労働組合、政治結社、信仰の自由が明記されているし、ストライキ権、婦人の参政権が認められている。さらに同じ時、チェース少佐は、八重山支庁長は住民の選挙によって選出し、アメリカ軍政府は選出された者を任命すると宣言しているのである。

宮良長詳が突然辞任した時期、宮古では島袋慶輔《しまぶくろけいすけ》支庁長が辞任したのだが、宮古の場合も任命には変りなかったが、島袋支庁長が辞任した際、郡会議員が協議会を開いて、西原雅一《にしはらまさいち》と下地敏之《しもじとしゆき》の二人を新支庁長候補として推薦し、アメリカ軍政府はその中から西原雅一を支庁長に任命している。少なくともここには「民意」というものが反映されていたと言えるだろう。

宮良長詳辞任後、新支庁長に任命されたのは吉野高善だった。

吉野高善がなぜ任命されたのか？　その真相を識る者は居ないが、吉野高善へのアプローチは宮良長詳辞表提出以前からはじめられていたことをみると、ラブレス及びアメリカ軍政府が長詳を辞任に追い込んで行ったとも思える。

吉野高善が、支庁長を引き受けるに至った経緯はさして重要ではないので省略するが、庁幹部の人事を見ると、それが「共和会」派の人間によって構成されていることが判る。

総務部長　大浜国浩《おおはまくにひろ》
経理部長　豊川善永《とよかわぜんえい》
文化部長　崎山用喬《さきやまようきょう》
産業部長　与那国善三《よなくにぜんぞう》
衛生部長　大浜信賢《おおはましんけん》
事業部長　大浜国浩（兼任）
警察部長　平良専記《たいらせんき》（留任）
裁判長　松島朝永《まつしまちょうえい》（留任）
郵便局長　奥平朝親《おくひらちょうしん》（留任）
銀行長　崎山英保《さきやまえいほ》

この四ヵ月後の一九四七年一月二十四日付でアメリカ軍政府から指示があり、「八重山支庁」は「八重山仮支庁」となり、支庁長も仮支庁長となった。
それに伴って大幅な機構改革と人事の見直しがあった。新人事によって、

総務部長　大浜国浩

衛生部長　大浜信賢
財務会計部長　真玉橋《まだんばし》朝珍《ちょうちん》
警察部長　當銘《とうめ》正友《せいゆう》
商工部長　大浜《おおはま》信光《しんこう》
教育厚生部長　崎山用喬
土木農林部長　与那国善三
通信部長　宮良《みやら》賢副《けんぷく》

の八部長が任命されている。

吉野支庁政府に替ってからは、ラブレスの要請と指示がすべての政策に反映されていった。「接収委員会」は廃止され、問題の牧志宗得の自動車はガソリン二缶をつけて返却されたし、「公定価格」も廃止された。そして「言論、結社の取り締りを厳重にするように」という要請も出ている。

これでも明らかなように、宮良長詳辞任によって八重山に生まれ育った二人の青年の心に起想された「八重山共和国」の理念は、完全に打ち砕かれたのであった。

私の手許に、一九四六年十月二十一日、つまり宮良長詳辞任の日の、「八重山支庁庶務課日誌」のコピーがある。

「午前八時　宮良支庁長辞表提出サル

警務逓信両部長ヲ除ク各部長
モ辞職
宮良支庁長及宮良総務部長ト運命ヲ共ニスル　総務部全職員モ茲
ニ辞表提出ス
『十ヵ月ニ於ケル吾等ノ功績タルヤ
云ウニ及バズ』
午前九時全職員ヲ集合セシメ
総務部ニ於テ支庁長退官
挨拶アリ　引続キ総務部長代表トシテ
退官挨拶アリ
解散後総務部員ノミヲ集合
セシメ血気ニ逸リ感情ノミニ依リ
進退ヲ決スル様ナコトナキ様
訓示アリタルモ各員ノ決心
飜エスベクモナク連署ヲ以テ
辞意ヲ表ス　支庁長並ニ総務
部長ノ心中ヲ察スルトキ吾等

総務部員如何デカ現職ニ留
ルヲ得ン吾等部員ハ只支庁長
総務部長ノ為ニ支庁ニ職ヲ
シタルニアラズ宮良長詳支庁長
宮良長義総務部長ト運命
ヲ共ニスベキ約束ニテ支庁員ト
ナレルモノナレバ今日ノ退職願イ
其ノ意味ニ於テ受理下サレ度キ
皆各自ヨリ懇願ス
午後六時ヨリ退官者全員一堂ニ
会シ盛大ナル分散会ヲ催ス
気焔正ニ天ヲ衝キ哀愁ノ気
等微塵モナク光風霽月支庁長
以下和気藹々裡ニ会ヲ閉ズ」

この「庶務課日誌」は、その日週番であった豊川善亮が書いたものである。

間。

豊川善亮。宮城光雄と共に「八重山共和国」を、初めてその心の中に起想し、実現させた人

豊川善亮は、この日の日誌をどんな想いでつけたのだろうか？

彼は、この日誌を送ってくれた時同封してきた手紙にこう書いている。

「……この日誌を今、再び見る機会を得て、四十余年前、当時二十五歳の青年が情熱にかられ、五里霧中ともいえる状態で奔走した自分の姿が思い起こされ、懐しく、ほほえましい限りです。

敗戦から立ち上った人民による八重山共和国最後の締めくくりでした。」

この手紙には別封があり、そこにはこう記されていた。

「……彼等はその後転向して、ある者は戦争遂行への急先鋒となった。

宮良長義はその最たる者であり、故に、僕、宮城光雄、本盛茂、内原英昇、等々その他、当時の軍国主義、皇民化教育を受けた若者たちは、おしなべて彼から国体の本義のみそぎから始まる薫陶《くんとう》を受け終戦を迎えたのです。

あなたの問いかける『戦争中の彼等の教育には多大な疑問があったはずである』は、全くその通りであり、一言もない。偽りのない私の本音です。しかし、あの時は仕方なかった。

私は思った。

彼があらゆる抑圧にも屈せず、他の社会主義者たちが敗戦を迎えるまで牢獄で変節しなかったように、彼も命を通していたなら、偉大であっただろうと……。

然し、私は彼を許した。投獄から転向以後十年の空白は、狂犬に噛まれた傷の癒えない年月であり、漸《ようや》く、彼等が待ち望んだ時代、たとえそれが、自ら勝ちとったものでなく、戦争に敗れて与えられたものであったにしても、不本意な過去は流してしまわなければならないのだろうと……。

茫々四十年、今はただ懐しさだけです」

善亮は、長義に感化を受けつつも、心のどこかで疑念を持ち続けていた。しかし、四十数年を経た今、根雪もやがては解けるように、自然な気持で長義を許すことができるようになったことは、やはり喜ばしいことだと理解すべきなのだろう。

そして、長義にしてみても、表面的な転向だったとは言え、自らの考え方に反する教育をしなければならなかった時代、どれほどの煩悶があったかは、想像にかたくないのである。

長義は、私の最後のインタビューの時、

「私が、心の底から望んでいたものは、アメリカ軍政府下では決してない、真の独立だった」

と明言している。

これは、長義の真実の声に違いない。この長義の言葉を聴いた時、私は、一九二二年、教師追放ストライキを行なったのをはじまりとして、運動に埋没していった、真実の長義の実像にやっと達することができた気がした。

世界の平和と安定、そして繁栄のための使徒という仮面をかぶった東西の帝国主義的実像を持つ諸国家のエゴイズムと陰謀と野望の中で、八重山の青年たちは、「人間が幸福に生存できる、幸福を分かち合える国家」を夢見て、その「真摯な夢」を現実のものにするため立ち上がった。

そして、その理念、国家形態、幸福を分かち合う方法を「夢」の中からたぐり出し、現実のものとした。

考えてみよう。豊川善亮、宮城光雄、本盛茂、内原英昇といった当時二十二、三歳だった青年たちが、それまでに受けた教育は大部分（否、すべてと言った方がよい）、軍国主義教育であったのだ。

ヒエラルキーの頂点に位する「現人神《あらひとがみ》」である天皇に隷属する皇民として、帝国主義教育、軍国主義教育を押しつけられて来た彼等が「希求」し、創り上げた「八重山共和国」は、社会科学の学習の上に成り立ったものでは決してなく、社会科学の何たるかを一片の知識としても持っていなかった人間が創り上げたところに真の価値があり、人間が真に幸福に生き得る「国家」の姿というものを指し示していると言える。そう、そこには何のイデオロギーも介在していないのだ。

それ故、「八重山共和国」は白昼の幻にも似た美しい閃光を放った。

「八重山共和国」。その美しい音の響きに導かれて、私は巨大な迷路の出口を再び探すため八重山に足を踏み入れた。

二十年前、初めて八重山を訪ねた時と変らないエメラルド・グリーンの海がそこには在り、星々のように孤立した島々が点在していた。

そして、その島々で生き続けて来た人たちは、四十数年前の美しい夢の閃光を胸の奥底に「宝」として秘持し、何も語ることなく生きて来たのである。だがやがて、その美しい夢の閃光も時の闇の中に消え去って行くのだろう。

私は、四十数年も経て初めてその美しい光の残照に触れることができたに過ぎない。

沖縄―八重山―波照間、そして、そのさらに南の海の彼方に在ると伝えられた「幻の共和国＝パエパティロー」。

伝説のパラダイスは、歴史的時間と空間を超え、一九四五年「八重山共和国」としてその姿を垣間見せたのだ。

かつて、波照間島の南端の断崖に立って、私が視ようとして視ることができず、感得しようとして感得できなかった「ディスタント・パラダイス」に、否、その残照に、遂に私は触れることができた。

私は「八重山共和国」に触れ得たことによって、人間であることの誇りと、この苛酷なエゴイズムと陰謀と野望に満ち満ちた世界の中で、再び「生き続けてみよう」という勇気を与えられたのだった。

付記（一）　真実と事実

「辞書によれば、どちらも本当のことだが、真実は主観的なもので事実は客観的な事象だということになっている。

真実が、事実になり得る場合もあるが、真実が異なった形で事実とされることもある。更に、真実が、事実にならないこともある。

私は、このノンフィクションを書くにあたって「真実」を求めた。

豊川善良に深く関わったことで、宮城光雄と豊川善良が、「八重山共和国」と言う構想を抱いていたと私は信じるようになった。

八重山郡の混乱に直面して、八重山を救うために彼らは行動を起こした。その行動は、「八重山共和国」樹立という構想があったからだと思う。

彼らは、軍国主義、皇民化教育、天皇を頂点とするヒエラルキーの底辺で生きて来たからこそ「幸せを平等に分かちあえる国」を求めたのである。

この想いは、宮良長義に共有されて具現化するのだが、宮良長義が連帯したことで「八重山共和国」＝「八重山自治政府」と言う名称は、「八重山自治会」と言う表現に変わった。宮良長義は、長い闘争の経験から用心深さも人心を掌握する術も心得ていたからだ。私は、インタビューを通してそういう結論に達した。

問題は、「八重山共和国」と言う名称だろう。本編の中には「自治会」「自治政府」「人民政府」「八重山共和国」と言う名称がランダムに記述されている。

それは、インタビューした相手の回答や資料に記述されていることを再現したからであり、書き手の私としては、一貫して一つの名称で記述することは出来なかった。

事実という面から言えば「八重山共和国」という事実はない。

標準的文献である『沖縄大百科事典』の八重山自治会の項目にも「八重山共和国」と言う名称は出て来ない。勿論、「八重山共和国」は独立宣言をしていない。

歴史学者の大江志乃夫が、『日本の歴史　31』の中で「八重山共和国」と記述したことが八重山に逆輸入されて八重山の人も「八重山共和国」と言う人が出てきたというところが事実とされている。

本編中でも触れているが、豊川善良や宮城光雄、宮良長義が当初から「八重山共和国」を創ろうと郡民に呼びかけていたら「自治会」も成立しなかっただろう。

そこには、八重山が琉球王国の時代から歴史的に置かれた立場、地位というものがあったことを考慮しなければならない。つまり、琉球王国（沖縄）は、江戸時代から日本の内国植民地という立場であり、

更に、八重山が琉球王国の内国植民地であったことを認識する必要がある。

大日本帝国時代は、「人類館事件」（註、一九〇三年に大阪・天王寺で開かれた第五回内国勧業博覧会に於いて琉球人、アイヌ人、朝鮮人、台湾高山族、ジャワ人等十人種、三十二名を見せる展示を行ったことを沖縄県と清国が抗議した事件）に象徴されるように、その傾向は強まっていたので、「自主独立の八重山共和国」を創ろうとは言い出せる状況ではなかったのだ。

更に、「八重山自治会」という名称が事実として記録に残ったとしても、その実態は「自治会」ではなかった。

「自治会」というものは、任意の団体・組織であるから自治会が決めたことには拘束力がない。従って、敗戦直後の混乱した八重山郡を立て直すための政策も効力を発揮できないので行政を司ることは不可能であったはずである。

「八重山共和国」と言う名称が誤解を生むというのなら、「八重山自治政府」と言うのが適切

ではないかと言っておきたい。自治政府というのもは国家に準ずる統治機構であり新国家樹立を目指す機構だからである。

蛇足だが、八重山での取材が終わった日、私は、宮城光雄の家を訪ねた。その時、仏間に「蝦夷共和国」を創った榎本武揚の書が飾られているのを見つけた。

家人によると宮城光雄の祖父が農業関係のことで当時明治政府の農商務大臣をしていた榎本武揚に表彰されて書を贈呈されたという話だった。

日本の近代の始まり＝一八六九年に北海道の函館に出来た「蝦夷共和国」と日本の近代の終わり＝一九四五年に沖縄の八重山に出来た「八重山共和国」は、なにか象徴的な存在だと思うのは私だけだろうか？

日本政治史教授の信夫清三郎は、「聖断の歴史学」の締めくくりの言葉として、

「……どちらも一時的存在であり、特にイデオロギーもなく、瞬時に生まれて瞬時に死滅したが、共和国が短日時にもせよ日本の歴史に存在したということは、不滅の事実であった。二つの共和国の歴史は、『囚われたる民衆』が自己を開放した時の未来像を描いているようであった」

と記述している。

付記（二）　アカハチの乱

この付記（二）は、法学教授・古川純の研究ノート「『八重山共和国』について――沖縄・八重山占領史の一こま」から引用する。

「『八重山共和国』の樹立にあらわれた八重山（特に石垣島）の独立精神の強靭さは、伝説の英雄＝オケヤアカハチの琉球王国に対する『独立戦争』の伝承によく示されているのではないかと思われる」

「一四八六年、中山尚真王は使者を八重山に特派してイリキヤアモリ（註、石垣島の人が古来より信仰していた火食の神）の祭祠邪教として厳禁にしたところ、島民は信仰への不当な弾圧だとして憤激した。

ここにおいてアカマリは島民の先頭に立って反旗を翻し反乱を起こした。

尚真王は、大里王子を大将として精鋭三千人を兵船百隻で反乱鎮圧に派遣した。（中略）アカハチは、封建制度に反抗して自由民権を主張し、島民のために戦ったのである。戦いは、利あらずして敗れたけれど、このアカハチの乱は今日まで『アカハチ精神』として受け継がれている。（後略）」

元来八重山は、琉球王国に属さない「太平山《タイピンザン》」という宮古との連合国であった。

同じ八重山諸島にある波照間島では、搾取と抑圧を拒否して、ヤクアカマリは、波照間島の住民数十人と共に「幻の共和国＝南波照間島＝パエパティロー」を求めて船出した。

八重山年来記には、一六四八年波照間島平田村の農民四十人から五十人が南波照間島に渡ったという記録が残っている。

アカマリは、税を取り立てにきた役人の船を奪って村民を連れて南波照間島に向かったのだった。

一九八二年（明治二十五年）沖縄県知事は、南波照間島の探索を海軍省に要請し、派遣された軍艦「海門」は大東諸島を探索した。しかし、所在不明な島を発見する手立てはないとして探索を切り上げている。

付記（三）　八重山教員思想事件

本編の中では詳しく触れなかったが、「八重山教員思想事件」について記しておきたい。長くなるが、この部分は、沖縄大学客員教授・小林武の研究ノート「『八重山共和国』構想のあとさき——石垣市が放つ光彩」からの引用とする。

——昭和初期の八重山における教員組合に対する弾圧事件。一九三〇年一〇月小学校教員などによって〈生活権の擁護、社会機構の民主化、労働者・農民の貧困からの開放〉を目指して、日本教育労働者組合八重山支部が結成された。週一回研究会を持ち、社会科学の研究と情勢分析を主な活動としていた。治安維持法下でひそかに二年ほど活動を続けたが、三十二年東京との連絡が原因で警察に発覚し組合の主要メンバー十数人が検挙。大浜用立・宮良長義の二人が起訴され、治安維持法による有罪判決受けた。また、他の主要メンバーは、行政処分で免職となった。当時の沖縄経済疲弊を背景にして起こった全国でも先駆的な教育運動で、事件は全県下に大きな衝撃を与えた——というものである。（中略）

取締当局は、これを天皇制廃止・私有財産制度の否定の運動につくり変え治安維持法違反事件に仕立てあげた。運動の人々にアカ＝共産主義者のレッテルを貼って、一般の人々と分断したのである。

翌三十三年五月、前出の大浜用立・宮良長義は起訴、委員長桃原用永、書記長大浜宣有と組合員の浦添為貴・安室孫利は起訴猶予、他十名は不起訴とされた。県学務部は、二名を懲戒免職、十名を依願退職としている。これは、八重山の運動のみならず、社会全体が「冬の時代」「暗い谷間」に陥っていくことを告げるものであった。

事件で追放された若い教師たちを待ち受けていたのは、国賊という指弾であった。（中略）教壇を追われたメンバーは、農業や土木工事の人夫として生活の糧を得ていた。中には、事件後、心労のあまり病死する者、結婚が破談になる者、長期間精神に異常をきたして死亡する者、また、八重山社会で生活することが出来ず島を離れて、台湾・朝鮮へ移る者もいた。家族も「アカ」「国賊」と指弾され村八分状態に置かれた。

そのような状態に置かれた運動のメンバーに対して、取締当局は、「転向」を促した。しかし、日本による中国侵略が始まると、この人々の多くは教壇に戻った。宮良長義は校長となり、大浜用立は県会議員・新聞社主筆となった。桃原用永も国民学校の校長に復職した。

国家総動員の下で、学校教育においては、文部省が『国体の本義』を刊行して、天皇帰一・皇国錬成の教育を強要し、教員に対しても思想統一を図った。そのような「一億一心の非常態勢」の中で、「事件」の人々は皇民化教育を担ったのである。(中略)例であるが、八重山出身の歴史研究家＝大田静男は、「かつて天皇制を批判して教壇を追われ、拷問を受け迫害された青年たちは、荒れ狂うファシズムの前に、屈服や迎合を余儀なくされ、島共同体の指導者として、より積極的に天皇制の水先案内人とならざるを得なかったのである」と述べている。(中略)

沖縄戦時を八重山で生き抜いたこれらの人々は、敗戦後の「八重山共和国」の構想に深くかかわり、その形成に中心的役割を果たすことになるのである。(後略)。

八重山自治政府が打ち出した政策は、宮良長義をはじめとする「八重山教員思想事件」に関わった者たちが主導したものだったことは明白な事実である。

あとがき

一九九〇年に筑摩書房から出版した「八重山共和国〜八間の夢」のあとがきに次のような一文がある。

今、東欧で変革の嵐が吹き荒れている。何が人々を駆り立て、立ち上がらせたのか？東欧の内情に詳しくない私が判ったようなことを書くのは避けたいが、この「嵐」が、「独裁は必ず崩壊する」ということの証のような気がしてならない。

読み返してみて自分の先見の明のなさを恥じる。

二〇二三年現在、世界の情勢は、アメリカと中国との覇権争いを筆頭に極めて不安定になっている。多くの国で極右政党が台頭し独裁国家も増えている。

ロシアの侵攻によって始まったウクライナとの戦争は停戦の見込みがつかないままで、パレスチナのガザでは、イスラエルによる大虐殺が始まっていると言う有様だ。

国内に目を向ければ、台湾有事を想定してなのか、安保三法制、集団的自衛権が承認されて沖縄の先島（特に、八重山諸島の一つ与那国島）が要塞化されている。沖縄は、大日本帝国時代の内国植民地という立場に置かされていると言っても過言ではない。

改訂復刻版『八重山共和国～八間の夢』の出版を快く引き受けて下さった「あけび書房」の岡林信一社長に感謝の意を表します。

更に、宮良長義さん、豊川善良さんをはじめ私のインタビューに応じて下さった八重山の皆さん、貴重な資料を提供して下さった大田静男さん、リサーチャーとしてアメリカの国立公文書館からドキュメントを集めて下さったミセス・グリーン、原稿のチェックをして下さった五百旗頭真教授、翻訳を手伝ってくれた、妻・真知子、沖縄に行くたびに面倒を見て下さった佐久川修さん。ここに記して感謝の気持ちに替えさせて頂きます。

桝田武宗（ますだ・たけむね）

1944年8月10日生。1967年学習院大学政経学部経済学科卒業。1967年4月、㈱東京放送（現・TBSホールディングス）に入社。

ラジオ局制作部、テレビ報道局報道制作部を経て1981年12月31日東京放送退社。

主著に、『ポーランド子供収容所』（径書房）、『12歳の小さな恋～幸せに一番近い島からの手紙』（ポプラ社）、『八重山共和国～八日間の夢』（筑摩書房）、『君に生きていて欲しい』（大日本図書）等。

改訂復刻版　八重山共和国　八日間の夢

2024年4月1日　初版1刷発行
著　者　桝田武宗
発行者　岡林信一
発行所　あけび書房株式会社
〒167-0054　東京都杉並区松庵3-39-13-103
☎ 03-5888-4142　FAX 03-5888-4448
info@akebishobo.com　https://akebishobo.com

印刷・製本／西崎印刷
ISBN978-4-87154-258-6　C3031

あけび書房の本

樹液を吸い取る政治

医療・社会保障充実を阻むものとの訣別へ

本田宏著　コロナ禍に医療体制が崩壊した原因の検証なく、医療費抑制策が続き公的公立病院潰しが進む一方、国民に負担を強いるマイナ保険証、軍事費倍増など〝樹液を吸い取る政治〟が終わらない病因にメスを入れる！

1980円

戦争と演芸

〝笑い〟は嫌われ、〝泣き〟も止められ

柏木新著　禁演落語、愛国浪曲、国策漫才など戦前の演芸界全般にわたって、娯楽をとおして国民意識を戦争賛美に導き、戦争に総動員したメカニズムを分析。

1720円

なぜ学校で性教育ができなくなったのか

七生養護学校事件と今

包括的性教育推進法を目指すネットワーク編　浅井春夫・日暮かをる監修　性の多様性、包括的性教育、子どもの権利など現在の課題の原点にある七生事件を振り返る。

推薦　荻上チキ（評論家）　山口智美（モンタナ州立大学、人類学）

1760円

医師が診たパレスチナとアフガニスタン

平和的生存権の理念と実践

猫塚義夫著　日本国憲法の理念を貫く前文に記載されている「平和的生存権」を基軸に「北海道パレスチナ医療奉仕団」の活動として現地支援活動をレポート。2023年アフガニスタン訪問も報告。**推薦　香山リカ（精神科）**

2200円

価格は税込